PARALELLE DES ANCIENS ET DES MODERNES
EN CE QUI REGARDE
L'ELOQUENCE.

Par M. PERRAULT, de l'Académie Françoise.

TOME SECOND.

A PARIS,

Chez La Veuve de JEAN BAPTISTE COIGNARD, Imprimeur du Roy, & de l'Académie Françoise.
ET
JEAN BAPTISTE COIGNARD Fils, Imprimeur ordinaire du Roy, & de l'Académie Françoise, ruë S. Jacques, à la Bible d'or.

M DC XC.

AVEC PRIVILEGE DE SA MAJESTE'.

PREFACE.

J'Avois promis dans la Preface du Volume precedent, que le premier Dialogue que je donnerois au Public, feroit voir l'avantage que les Modernes ont sur les Anciens, en ce qui regarde l'Astronomie, la Geographie, la Navigation, la Physique, les Mathematiques, &c. pour en venir dans les Dialogues suivans à l'Eloquence & à la Poësie, mais deux choses m'ont fait changer de resolution, & m'ont obligé de traiter dans celui-cy de l'Eloquence ; la premiere, l'impatience de quelques-uns de mes amis qui ont eû curiosité de voir ce que je pourrois dire pour

PREFACE.

montrer que l'Eloquence d'aujourd'hui égale souvent & surpasse même quelquefois celle des Anciens; l'autre, un bruit qui s'est répandu que je reculois d'en venir là, & que me sentant foible sur cet article, je ne cherchois qu'à triompher sur les autres Arts où les Modernes ont des avantages incontestables, au lieu de m'attacher uniquement au nœud principal de la difficulté. Quoique je perde beaucoup en ne suivant pas l'ordre que je m'étois prescrit, car il est constant, que si j'avois bien prouvé, comme il est facile de le faire, que dans toutes les Sciences & dans tous les Arts, dont les secrets se peuvent mesurer & calculer, nous l'emportons visiblement sur les

PREFACE

Anciens; il n'y auroit que l'impossibilité de convaincre des esprits opiniastres dans les choses de goust & de fantaisie, comme sont la plufpart des beautez de l'Eloquence & de la Poësie, qui pust empescher que les Modernes ne fussent reconnus les maistres dans ces deux Arts comme dans tous les autres; cependant j'ay mieux aimé renoncer à l'avantage d'une induction si naturelle, que de ne pas donner satisfaction & à mes amis & à mes adversaires.

Il est vray que la difficulté est plus grande sur cet article que sur le reste, à cause de la plus grande & plus universelle prevention où l'on est en faveur des Anciens sur le fait de l'Eloquence & de la

PREFACE.

Poësie. Cette prevention, qui comme toutes les autres est fondée sur le respect qu'on a naturellement pour ce qui est ancien, a eu encore l'avantage d'estre cultivée par mille soins & en mille manieres. Il y a eu des hommes payez & gagez pour la faire entrer profondément dans l'esprit des jeunes gens qu'on a mis sous leur conduite; des hommes qui revestus de longues robes noires, & le bonnet carré en teste, leur ont proposé les ouvrages des Anciens, non seulement comme les plus belles choses du monde, mais comme l'Idée du beau, & cela avec des couronnes toutes prestes s'ils parvenoient à imiter ces divins modelles. Faut-il s'éton-

PREFACE.

ner que de jeunes gens élevez au bruit continuel des loüanges qu'ils ont oüi donner aux Anciens, ayent toûjours conservé pour eux cette estime sans bornes qu'on leur a inspirée dés leur enfance ; faut-il s'étonner que la recherche des plaisirs ou le desir de faire fortune ; soins qui s'emparent ordinairement de l'esprit de ceux qui sortent des estudes pour entrer dans le monde, les ayent empesché de s'éclaircir sur une chose qui importe si peu au bonheur de la vie ; il faut plustost estre surpris que quelques-uns se soient mis en peine d'estre desabusez. Avec tout cela je ne desespere pas de trouver autant de partisans de mon opinion sur l'Eloquence &

PREFACE.

sur la Poësie que sur les autres Arts, si l'on se donne la peine d'y penser avec quelque sorte d'application.

Ceux qui jugent de ces matieres, sont ou des personnes qui ayant du genie pour les Sciences, en possedent une grande partie naturellement, & sans avoir beaucoup lû les Livres qui en traittent, ou des gens qui n'ayant pas de genie pour les Sciences en ont lû tous les livres sans en sçavoir aucune, ou enfin des hommes qui les sçavent, & pour y avoir du genie, & pour avoir beaucoup estudié les Auteurs qui en ont écrit. Les premiers, qui ont du goust & de la raison ; qui ont accoustumé de s'en servir & de s'en servir

PREFACE.

utilement, ne pourront pas ne se point rendre quand on leur fera toucher au doigt & à l'œil, qu'il n'y a rien que le temps ne perfectionne tous les jours, que l'art de s'exprimer soit en Prose, soit en Vers ressemble en ce point à tous les autres, avec cette difference que comme il est plus susceptible d'agrémens, & qu'un plus grand nombre d'habiles gens s'en sont mélez, on a dû s'y perfectionner davantage à proportion. Ces personnes, dis-je, ne pourront pas disconvenir de ces veritez, parce que la Nature leur a donné des yeux pour les voir, & des oreilles pour les entendre. A l'égard de ceux qui n'ont point de goût, & qui n'osant se fier à leur dif-

PREACE.

cernement (en quoy ils ont raiſon) ne ſe laiſſent conduire que par l'autorité des Auteurs, & même des plus anciens pour plus grande ſeureté, je ne pretens pas en voir jamais un ſeul de mon avis, puiſque je ne pourray jamais leur citer aucun paſſage d'un ancien Auteur qui diſe que les ouvrages des Modernes égalent & ſurpaſſent meſme quelquefois ceux des Anciens. Quoique ces gens-là ne ſoient que des fantômes de ſçavans, qui, animez par le ſeul eſprit eſtranger des citations, tombent ſans ceſſe & tout à coup dés que cet eſprit les abandonne, il eſt fâcheux neanmoins de les avoir pour adverſaires. Ils font un bruit épouventable, & par les

PREFACE.

grandes paroles de Demosthene, de Ciceron, d'Isocrate, de Pericles qu'ils ont sans cesse dans la bouche, & qui en sortent avec une prononciation qui n'est point naturelle ; ils estonnent jusqu'aux plus habiles, & emportent le menu peuple à qui ces sortes de spectres paroissent toûjours plus grands que les sçavans veritables qui ont esprit & vie. Les troisiémes se partageront ; ceux qui cherchent la verité, & qui ont la force de l'aimer lors même qu'elle ne leur est pas avantageuse, consentiront qu'on rende justice aux excellens ouvrages de nostre siécle, quoy qu'ils sentent bien que le merite qu'ils ont de bien posseder les Anciens en diminuë un

PREFACE.

peu. Mais ceux qui font plus de cas de leur érudition, que de leur esprit & de leur genie, qui regardent les extraits qu'ils ont faits des moindres ouvrages des Anciens comme de grands fonds d'heritages, & les petits Vers de Pindare & d'Anacreon, qu'ils ont ramassez en leur jeunesse comme autant de diamans & de rubis ; ces riches du bien d'autrui ne pourront souffrir qu'on rabaisse le prix des tresors qu'ils possedent. Ils s'eleveront vivement contre mon paradoxe ; ils aimeront mieux se declarer pour les Anciens, & faire envier le bonheur qu'ils ont de les connoistre, que de convenir que nôtre siecle a quelque avantage sur l'Antiquité,

PREFACE.

& ne pouvoir pretendre qu'à une portion de cette gloire. Ils ressembleront à ces Musiciens qui aiment mieux qu'on dise que le concert où ils chantent ne vaut rien, mais qu'en leur particulier ils font des merveilles, que d'entendre loüer tout le concert, & n'avoir que leur part dans cette loüange generale.

Comme je suis bien aise qu'on sçache au vray quel est mon sentiment, je croy estre obligé d'avertir que je ne me rends responsable que des choses que dit l'*Abbé*, & non point de tout ce que dit le *Chevalier* dans ce Dialogue, ni de tout ce qu'il dira dans les Dialogues suivans. Il outre quelquefois la matiere, & c'est un personnage que j'ay

PREFACE.

introduit pour avancer des propofitions un peu hardies; ainfi je ne garantis pas toutes les faillies de fa vivacité, comme par exemple quand il dit que Socrate & Platon font deux faltimbanques qui ont monté l'un aprés l'autre fur le theatre du monde, quand il fouftient que Mezeray narre plus nettement que Thucydide, quand il pretend que la preference que Quintilien donne aux anciens Orateurs fur ceux de fon temps, n'eft pas de bonne foy, & qu'il penfoit tout le contraire, ou quand il avance d'autres paradoxes auffi étranges. Quoique ces propofitions puiffent être vrayes dans le fond, neanmoins comme elles font trop contraires aux opinions reçuës,

PREFACE.

je n'ay pas estimé devoir les soûtenir bien serieusement, & je ne les donne que comme des problemes. Je demande encore qu'on ne me fasse dire que ce que je dis. J'en dis assez, & suis suffisamment chargé du seul poids de ma cause.

Je ne puis m'empescher de marquer icy l'estonnement où je suis de voir qu'on nous accuse, nous les deffenseurs des Modernes, de ne parler comme nous faisons des ouvrages des Anciens que par envie, * *Rumpantur licèt invidiâ*, dit, en parlant de nous, un homme celebre, non moins bon Poëte qu'excellent Orateur, ce que son Traducteur a traduit en cette maniere.

Malgré les aveugles caprices
D'un petit nombre d'Envieux,

* *Quoy qu'ils crévent d'envie.*

PREFACE.

Voilà asseurément une espece d'Envie bien singuliere. Jusques icy, on avoit crû que l'Envie s'acharnoit sur les vivans & épargnoit les morts, aujourd'huy l'on dit qu'elle fait tout le contraire. Cela n'est guere moins étonnant que d'avoir le cœur au costé droit, & il faut que ces Messieurs ayent tout changé dans la Morale, comme Moliere disoit que les Medecins avoient tout changé dans l'Anatomie. Je voudrois qu'on choisist un homme desinteressé & de bon sens, & qu'on lui dist que parmi les gens de lettres qui sont à Paris, il y en a de deux especes; les uns qui trouvent que les anciens Auteurs tout habiles qu'ils estoient, ont fait des fautes, où
les

PREFACE.

les Modernes ne sont pas tombez, qui dans cette persuasion loüent les ouvrages de leurs confreres, & les proposent comme des modeles aussi beaux, & presque toujours plus corrects que la pluspart de ceux qui nous restent de l'Antiquité; les autres qui pretendent que les Anciens sont inimitables, & infiniment au dessus des Modernes, & qui dans cette pensée méprisent les ouvrages de leurs confreres, les déchirent en toute rencontre, & par leurs discours & par leurs écrits. Je voudrois, dis-je, qu'on demandât à cet homme desinteressé & de bon sens, qui sont les veritables Envieux de ces deux especes de gens de lettres; je n'aurois pas de peine

PREFACE.

à me ranger à son avis. Ceux qui nous ont appellez Envieux n'ont pas pensé à ce qu'ils disoient, & cela arrive presque toûjours quand on ne songe qu'à dire des injures. On a commencé par nous declarer nettement que nous estions des gens *sans goust & sans autorité.* On nous reproche aujourd'huy que nous sommes des Envieux, peut-estre nous dira-t-on demain que nous sommes des Entestez & des Opiniastres.

L'agreable dispute où nous nous
  amusons,
Passera sans finir jusqu'aux races
  futures ;
Nous dirons toûjours des raisons,
Ils diront toûjours des injures.

EXTRAIT DU PRIVILEGE du Roy.

PAr Lettres Patentes de Sa Majesté, données à Versailles le 23. jour de Septembre 1688. signées par le Roy en son Conseil, BOUCHER. Il est permis au sieur JEAN BAPTISTE COIGNARD, Imprimeur ordinaire du Roy à Paris, d'imprimer, vendre & debiter pendant le temps de huit années, un Livre intitulé *Paralelle des Anciens & des Modernes en ce qui regarde les Arts & les Sciences*, Dialogues composez par le sieur PERRAULT de de l'Académie Françoise : Avec défenses à tous autres d'imprimer, vendre & debiter ledit Livre, sur les peines portées à l'Original dudit Privilege.

Registré sur le Livre de la Communauté des Imprimeurs & Libraires de Paris, le 5. jour d'Octobre 1688.

Signé, J. B. COIGNARD, Syndic.

Achevé d'imprimer le 15. Février 1690.

PARALELLE DES ANCIENS ET DES MODERNES EN CE QUI REGARDE L'ELOQUENCE.
SECONDE PARTIE.

TROISIE'ME DIALOGUE.

LE PRESIDENT.

J'Avois ouy dire bien des merveilles de Versailles dans la province, mais je ne croyois pas qu'il eust toutes les beautez que nous venons de voir.

LE CHEVALIER.

Versailles est en effet aujourd'huy bien different de ce petit chasteau de brique environné d'un balcon verd que vous vinstes voir il y a vingt-deux ans.

L'ABBE'.

Versailles est en cela une image de nostre siecle, qui depuis un certain nombre d'années a tellement changé de face, que si nous avions pû pendant vingt deux ans ne point voir le progrez qui s'est fait dans les Arts & dans les Sciences, nous n'en serions pas moins étonnez que ceux qui arrivent icy aprés avoir esté ce temps-là sans y venir, sont surpris des nouvelles beautez qu'ils y trouvent.

LE PRESIDENT.

Je croy bien que les grands travaux & les grands bastimens qu'on a faits icy de tous costez ont beaucoup perfectionné les Arts qui dépendent de la main, mais pour les Arts purement spirituels, comme l'Eloquence & la Poësie, je ne voy pas ce qui peut les avoir portez à un haut degré de perfection, & je les tiens encore bien éloignez de l'état florissant où ils ont paru chez les Anciens.

LE CHEVALIER.

Pour égayer nôtre aprés-soupée rien ne seroit meilleur que de traitter cette matiere, la dispute sera tout autrement vive là-dessus qu'elle ne l'a esté sur l'Architecture & sur la Peinture ; car c'est de quoy il s'agit, & le vray point de la question.

L'ABBE'.

Cela me semble tres-bien pensé, & si vous voulez nous commencerons par l'Eloquence. Je voy là une tablette de Livres où nous trouverons une partie de ceux dont nous avons besoin.

LE PRESIDENT.

Volontiers, vous sçavez parfaitement le grec & le latin, il y aura plaisir à disputer avec vous ; car je vous avoüe que quand je voy des gens qui ne sçavent de ces deux langues que ce qu'ils en ont appris au College, ou quelque peu davantage, je ne puis souffrir qu'ils ayent la temerité de dire leur avis sur l'Eloquence ou sur la Poësie des Anciens.

L'ABBE'.

Si les gens dont vous parlez veulent porter leur jugement sur le stile & sur la diction des Auteurs, ils ont grand tort; mais s'ils ne s'attachent qu'aux choses, qu'aux sentimens, & qu'aux pensées, ils peuvent, ce me semble, en dire leur avis, & même ceux qui ne sçavent ni grec ni latin, pourveu qu'ils se servent des traductions excellentes que nous avons.

LE PRESIDENT.

Est-ce connoître les Auteurs que de ne les connoître que par des traductions, chaque langue n'a-t'elle pas ses graces & ses elegances particulieres qui ne peuvent passer dans une autre, sur tout en Eloquence & en Poësie. Pour les Livres qui traittent de science, & qui en traittent en stile dogmatique; à la bonne heure, encore y a-t'il toûjours du déchet dans une traduction, quelque bonne qu'elle puisse estre.

L'ABBE'.

J'avoüe qu'on a peine à bien juger d'un Poëte Grec ou Latin sur une Traduction en Vers François, qu'on ne peut, par exemple, juger sainement du merite de Virgile sur la Traduction de Mr. l'Abbé de Marolles, qui est telle que vous sçavez, ni même sur celle de Mr. de Segrais qui est tres-bonne & tres-belle, parce que la contrainte du Vers oblige en mille endroits à alterer le sens & les pensées, mais quand la Traduction est en Prose, & qu'elle a esté faite par un habile homme, je soûtiens qu'on y voit aussi-bien les sentimens & les pensées de l'Auteur que dans ses propres paroles. On apprend l'histoire du Siege de

Troye, les mœurs des Heros qui l'attaquent ou qui la défendent, les sentimens qu'Homere leur donne, les discours qu'il leur fait faire, & generalement tout ce qui n'est point du style, & de la diction, on apprend dis-je toutes ces choses dans les traductions Latines ou Françoises de l'Iliade, quoi que peu élegantes aussi-bien & aussi distinctement que dans le Grec original d'Homere. Pour les Auteurs en Prose ce que je dis est encore plus certain, & plus évident, on entend aussi-bien les Dialogues de Platon dans la Traduction de Mr. de Maucroix que dans le texte de Platon même, & je puis dire qu'ils n'ont pas moins de beauté dans le François que dans le Grec. Comme chaque Langue a ses graces & ses élegances particulieres ainsi que vous l'avez remarqué, & que la Langue Françoise ne le cede de ce côté-là à pas une autre, ainsi que le prouve tres-bien l'excellent Livre que Mr Charpentier nous a donné sur cette matiere, on ne doit pas s'étonner que Mr de Maucroix ait scû trouver dans le François les mêmes graces & le même sel qui se rencontrent dans le Grec. Tout le monde convient que d'Ablancourt nous a donné les Dialogues de Lucien aussi aimables dans nôtre Langue que dans leur Langue naturelle. Longin n'a rien perdu en passant par les mains de Mr Despreaux, & je trouve que l'Oraison pour le Poëte Archias n'est pas moins éloquente ny même moins nombreuse dans la Traduction de Patru que dans l'Original de Ciceron. Je vais vous avancer un Paradoxe encore plus surprenant, & aussi veritable, c'est que si l'on étoit bien libre de toute prevention on trouveroit qu'il y a souvent plus d'avantage à lire les Auteurs Latins dans une bonne Traduction que dans leur propre Langue.

LE PRESIDENT.

Cela peut être vrai à l'égard de ceux qui n'entendent pas bien le

A iiij

Latin, mais pour toutes les personnes qui le poſſedent parfaitement cela n'a aucun fondement ny aucune vrai-ſemblance.

L'ABBE'.

Je dis que cela eſt vrai à l'égard même des plus habiles, il eſt certain que nous ignorons la maniere dont le Latin doit eſtre prononcé, & qu'en le prononçant mal nous ſommes privez de la grace de ſa prononciation naturelle dans laquelle & pour laquelle il a eſté fait ; nous le defigurons de telle ſorte que ſi des Anciens Romains nous écoutoient ils ne pourroient pas nous ſouffrir, j'oſe dire meſme qu'ils ne nous entendroient pas comme nous ne les entendrions pas auſſi, s'ils le prononçoient à leur maniere, cela n'eſt pas difficile à croire puiſque nous prononçons le Latin comme il eſt écrit, & qu'il n'y a point de Langue qui ne ſe prononce differemment de ce qu'elle eſt écrite, nous prononçons *Cicero*, ils prononçoient *Quiquero*, nous difons *Lucullus*, ils difoient *Loucoullous*, ils mangeoient toutes les m finales & toutes les voyelles devant d'autres voyelles, & au lieu que nous lifons *monftrum horrendum*, *informe*, *ingens*, ils lifoient *monftr*, *horend*, *inform*, *ingens*, ils mugiffoient en quelque forte en prononçant l'm, & mefme cette lettre avoit le nom de mugiffante. Il y a encore une infinité d'autres differences entre leur prononciation & la noftre qui changeoient extraordinairement le difcours de ce qu'il eft prononcé à nôtre maniere ; je dis donc que quand un Traducteur a l'habilleté de bien prendre les penfées d'un Auteur, & de les rendre mot pour mot, ou par des expreffions équivalentes, & qu'il fcait leur donner les graces du François en la place de celle du Latin, fa Traduction doit fouvent plaire davantage que l'original mefme qui ne peut plus venir à nous avec les beautés de sa prononciation naturelle, car comme ce changement va quelquefois à nous faire prononcer plusieurs syllabes qui se supprimoient par les Latins, nous allongeons mal à propos des membres de periode & leur ostons par là & leur nombre & leur harmonie. Pour ce qui est du sens du discours, des pensées qu'il renferme, des figures dont il est orné, de la suite du raisonnement, & de l'œconomie de l'ouvrage, en un mot de ce qui forme le corps de l'éloquence, toutes ces choses se voyent mieux & se font mieux sentir dans une excellente Traduction que dans l'Original ; En voicy la raison, quelque bien qu'on sçache le Latin on entend encore mieux le François, il faut que celuy qui lit un ouvrage Latin mette malgré qu'il en ait une partie de son attention à se le traduire à luy-mesme, au lieu que celuy qui lit une Traduction employe toute son attention à bien comprendre le sens de ce qu'il lit,

& à en remarquer l'ordre, la suite, & la distribution ; si cette difference est sensible dans les Auteurs Latins les plus aisez, combien l'est-elle davantage dans les Auteurs Grecs les plus obscurs & les plus difficiles. Il n'y a que la vanité de faire croire que les Langues estrangeres nous sont aussi connuës & aussi familieres que la nostre, qui nous empesche d'en demeurer d'accord. On peut ajoûter que comme il y a plusieurs endroits dans un Auteur un peu difficile qui peuvent recevoir divers sens, & que de ces sens il y en a un meilleur que les autres, & mesme qui est le seul veritable, on n'est pas si seur de l'attraper, & d'y entrer aussi juste, qu'un excellent Traducteur, qui avant que de prendre party a consulté tous les Commentateurs & tous les Interpretes qui ont travaillé avant luy sur la mesme matiere ; on peut encore faire cette reflexion que comme un Traducteur entend beaucoup mieux un Ouvrage aprés s'eſtre donné la peine de le traduire qu'il ne l'a entendu à la premiere lecture qu'il en a faite, on a le meſme avantage que luy en ſe ſervant de ſa Traduction.

LE PRESIDENT.

Vous direz tout ce qu'il vous plaira, mais vous ne me perſuaderez jamais qu'un homme qui n'entend pas le Grec puiſſe juger de l'Eloquence d'Iſocrate ou de Demoſthene.

L'ABBE'.

Je ne voy rien qui l'en empeſche. Il ne pourra pas à la verité porter ſon jugement ſur la beauté & ſur la pureté de leur ſtyle, mais il jugera fort bien de leurs penſées, de leurs raiſonnemens, de l'ordre, & de l'œconomie de leurs Ouvrages, car il y a grande difference, entre juger d'un Auteur Grec, ou juger du Grec d'un Auteur, entre juger de ſon Eloquence, ou juger de ſon élegance. Un homme qui n'a lû les Dialogues de Lucien que dans la traduction de Mr d'Ablancourt ne peut pas juger si le stile de l'original est bien attique, où s'il ne l'est pas, mais il peut fort bien dire que cet Auteur traitte ses matieres avec beaucoup d'esprit & de delicatesse, qu'il est ingenieux & agreable, & quand il parle de la sorte on n'est point en droit de luy dire que faute de l'avoir lû dans le grec c'est une temerité à luy de porter un jugement semblable, parce qu'il ne s'agit pas là du grec de Lucien, dont il n'entreprend pas de juger, mais de l'esprit, du sens, & de la raison du Lucien qu'il connoît plus nettement, & qu'il a penetré davantage dans la traduction dont il s'est servi, que beaucoup de Sçavans n'ont fait en lisant le grec original, parce qu'il a entendu Lucien comme d'Ablancourt, & que ces Sçavans ne l'ont pas entendu aussi bien que cet excellent traducteur.

LE PRESIDENT.

Il y a mille beautez dans le grec de Lucien, que d'Ablancourt tout habile qu'il étoit n'a pû faire passer dans le François.

L'ABBE'.

Ce que je viens de dire est si raisonnable qu'il n'est pas que vous n'en conveniez au fond du cœur, mais vous soûtenez le contraire afin d'exclure par là une infinité de gens d'esprit de porter leur jugement sur la question que nous agitons, ce qui est tres injuste. Et en effet parce que des hommes de bon sens, & de bon esprit se feront trouvez capables de plusieurs emplois considerables qui ont occupé utilement les plus belles années de leur vie, & qui les ont empêchez d'apprendre parfaitement le grec & le Latin ; partage ordinaire de ceux qui ne peuvent faire rien de mieux, est-il raisonnable de leur défendre de dire leur sentiment sur

des Anciens & des Modernes.

les ouvrages des anciens, aprés les avoir lûs & relûs dans d'excellentes traductions, vous ne pouvez consentir à cette injustice que parce que vous sentez bien qu'ils n'ont pû voir les pauvretez & les miseres de la plûpart de ces fameux Auteurs sans avoir été effrayez, & vous voulez n'admettre pour Juges competens que ceux qui entendent parfaitement le grec & le latin, parce qu'ils ne manqueront pas de crier tous miracle sur les beautez inexprimables de ces Auteurs, pour faire envier le bonheur qu'ils ont de les lire & de les entendre en leur propre langue.

LE CHEVALIER.

Je ne doute point de cette politique; cependant il est vray qu'il y en a beaucoup qui le disent comme ils le pensent. La joye qu'ils ont de percer diverses obscuritez qui leur sembloient d'abord impenetrables, d'y entrevoir quelque sorte de raison, & même quelquefois des choses aussi finement dites, qu'on les dit aujourd'huy, leur fait regarder comme des tréfors, ce qui ne leur fembleroit que trivial & commun dans les Modernes, où ils l'entendroient fans peine & fans étude; ils reffemblent à ces meres qui aiment plus tendrement ceux de leurs enfans qui leur ont donné le plus de peine à élever, quoique mal fains & mal tournez, ou à ces chaffeurs qui trouvent plus de goût à une grive maigre & feiche qu'ils ont rapportée de leur chaffe qu'à tout l'excellent gibier que le Rotiffeur aura fourny dans un repas magnifique.

LE PRESIDENT.

Ces comparaifons font ingenieufes, mais elles ne renverferont pas ce principe inconteftable, qu'il eft impoffible de bien juger des chofes que l'on ne connoît pas parfaitement. Je puis vous en fournir une preuve bien convaincante dans le refus que fait Plutarque de dire fon avis fur l'élo-

des Anciens & des Modernes. 17
quence de Ciceron, parce dit-il,
qu'il ne sçavoit pas assez bien le latin
pour en juger.

L'ABBE'.

J'ay deux réponses à faire là-dessus. La premiere que les ouvrages de Ciceron n'étoient pas traduits en grec, & qu'ainsi Plutarque n'est pas dans le cas dont il s'agit. La seconde qu'encore que Plutarque ait pû sçavoir assez de latin pour bien juger de l'éloquence de Ciceron, comme je n'en doute pas. Il n'a pas voulu s'expliquer là-dessus de peur d'être obligé de donner l'avantage à Ciceron sur Demosthene son compatriote.

LE PRESIDENT.

Encore une fois on ne peut bien juger des choses qu'on ne connoît pas parfaitement.

L'ABBE'.

Puisque vous le prenez sur ce ton-là, je soûtiens que vous, ny moy, ny qui que ce soit au monde, n'est en état de bien juger d'aucun Auteur grec ny latin.

LE PRESIDENT.

Pourquoy cela ?

L'ABBE'.

C'est que ny vous, ny moy, ny quelque autre homme que ce puisse étre n'entend parfaitement ces deux langues.

LE CHEVALIER.

Voila un paradoxe dont l'Université ne s'accommoderoit pas.

L'ABBE'.

Ce qu'il y a d'habiles gens dans l'Université en conviendront, car enfin y en a-t-il un seul qui puisse nous dire en quoy consiste la Patavinité de Tite-Live, & la Mellifluité d'Herodote, choses neanmoins qu'ils devroient sentir, si leur habileté étoit parfaite. J'ay oüy dire à un grand personnage que si un Romain du temps de Ciceron avoit entendu declamer Muret le premier homme de son siecle pour la belle latinité, il se seroit tenu les côtez de rire à tous momens ; parce qu'à tous momens il auroit oüy quelque mot hors de son sens naturel, ou quelque phrase bigarement placée, ce qui joint à une prononciation toute differente de celle de son temps, luy auroit fourny quelque chose de plus ridicule que ne le seroit à nôtre égard une harangue Françoise composée & prononcée par un Allemand nouvellement venu en France.

LE PRESIDENT.

Vous poussez la chose un peu trop loin.

L'ABBE'.

Tout au contraire, je n'en dis pas assez, car premierement du côté de la prononciation, l'Allemand qui a appris nôtre langue, d'un naturel François en fçait une bonne partie, au lieu que Muret ignoroit pleinement la prononciation latine. Pour le fond de la langue, fuppofé que Muret en fçût tout ce qu'on en peut apprendre dans la lecture des bons Auteurs, il luy manquoit le fecours d'un homme vivant à qui la langue Latine fût naturelle, & un femblable fecours ne manque point aux Allemands dans l'étude qu'ils font de nôtre langue; vous voyez par là que ma comparaifon pechoit plûtôt pour être trop foible que pour être trop forte, & vous pouvez en tirer cette confequence, que fi les Etrangers n'entendent & ne parlent jamais nôtre langue dans la derniere perfection, malgré l'avantage qu'ils ont de l'apprendre des naturels François, nous fommes en bien pire condition à l'égard de la langue Latine, & de la langue Grecque.

LE PRESIDENT.

Il est pourtant vray que Vaugelas qui étoit Savoyard, a non seulement sçû le François parfaitement, mais nous en a fait des leçons à nous-mêmes, tres-bonnes & tres-utiles.

L'ABBE'.

Vous parlez là d'un homme qui a passé toute sa vie en France, qui aimoit nôtre langue avec une passion demesurée, & qui en faisoit son étude particuliere, cet exemple ne tire à aucune consequence pour tous les autres Etrangers, ny pour nos Grecs & nos Latins qui n'ont appris que dans les Auteurs ce qu'ils sçavent de ces deux langues.

LE CHEVALIER.

Il n'y a point d'Etrangers qui pour l'ordinaire ne fassent une infinité de fautes lors même qu'ils croyent le mieux dire, trompez qu'ils sont par de fausses Analogies qu'ils prennent pour des regles. Peuvent-ils sçavoir par exemple, les differens usages de neuf & de nouveau qui signifient la même chose; qu'il faut dire un habit neuf & non pas un habit nouveau, une chanson nouvelle & non pas une chanson neuve, & cependant que neuf & nouveau se peuvent dire quelquefois de la même chose. Comme voila une pensée nouvelle, voila une pensée toute neuve. Aprés avoir oüy dire plusieurs fois dix francs, & quatre-vingt francs, comment pourroient-ils deviner qu'on ne dit point quatre vingt dix francs, sentiront-ils jamais la difference qu'il y a entre achever de se peindre, & s'achever de peindre, il y a mille écueils semblables dans nôtre langue, où il est impossible que les Étrangers ne viennent pas échoüer à tous momens. Je lisois dernierement un Madrigal composé par un Hollandois à la loüange de Loüis du Gardit Medecin Flamand, qui a fait un Livre pour prouver que l'ame raisonnable ne s'unit point au corps qu'il ne soit organisé. Voicy le Madrigal.

Loüis du Gardit
At un bon esprit
Et raison sortable
Quand par un soin dru
Fourre en corps membru
L'ame raisonnable.

LE PRESIDENT.

Ce Madrigal est ridicule.

LE CHEVALIER.

Il l'est assurement. Vous auriez cependant de la peine à convaincre l'Auteur que son Madrigal n'est pas François.

LE PRESIDENT.

Vous vous moquez.

LE CHEVALIER.

Je ne me moque point, il vous soûtiendra que at un bon esprit, est auſſi bon que a-t'il de l'eſprit, a t'elle du bien, a-t'on dîné, & qu'il n'y a pas moins de raiſon à mettre un t, entre a & un, qu'entre a & il, & qu'entre a & elle, puiſque c'eſt la même cacophonie qu'il faut également éviter, & que comme on conjugue je bas, tu bas, il bat, on peut conjuguer de même, j'ay, tu as, il at. Il ajoûtera encore qu'on parle ainſi dans le Lionnois, dans la baſſe Bretagne & en pluſieurs autres Provinces du Royaume. Il ſoûtiendra enſuite que ſi l'on dit fort bien un parti ſortable pour ſignifier un parti convenable, on peut dire une raiſon ſortable, pour dire une raiſon convenable, une raiſon qui convient au ſujet dont il s'agit. A l'égard de ſoin *dru* il pretendra que l'Epithete de *dru* étant une metaphore priſe des oiſeaux, elle fait un ſens figuré plus noble & plus poëtique que les Epithetes d'aſſidu ou d'empreſſé dont il ſe ſeroit ſervy, s'il avoit écrit en proſe.

LE

LE PRESIDENT.

Voila qui va le mieux du monde, mais comment deffendrez-vous, *fourre en corps-membru*.

LE CHEVALIER.

Je le deffendray fort bien. Il s'agit de dire que l'ame raisonnable non seulement entre dans le corps humain pour s'y unir, mais qu'elle s'introduit & s'insinuë jusques dans les plus petites extremitez de toutes les parties, ce que le mot de *fourre* exprime parfaitement. *Pour corps membru*, il y a un peu plus de difficulté à le soûtenir, parce que *membru* ne signifie pas simplement qui a des membres, mais qui a de forts membres, bien gros, & bien nourris; mais cet Estranger qui sçait que vestu veut dire simplement qui a des vestemens, pelu qui a du poil, cornu qui a des cornes, branchu qui a des branches, n'a-t'il pas raison de croire que membru signifie simplement qui a des membres. Quand on n'est conduit dans l'estude des Langues que par l'Analogie, par la Grammaire, & par les Livres, il est impossible qu'on ne tombe pas en une infinité de fautes semblables & plus grossieres.

LE PRESIDENT.

S'il est vray, comme vous le pretendez, que ny vous ny moy ne sçachions que fort imparfaitement la Langue Grecque & la Langue Latine, nous avons tort de vouloir juger de la difference qu'il peut y avoir entre l'Eloquence des Anciens & celle des Modernes.

L'ABBE'.

Cela ne conclut pas, car bien loin que je dise que pour juger de l'Eloquence d'un Auteur il faille parfaitement sçavoir toutes les delicatesses de la Langue où il a écrit, & bien loin que le raisonnement que nous venons de faire tende à nous interdire la connoissance de la question que nous traittons, il va au contraire à y appeller une infinité de gens d'esprit que l'on veut en exclurre, parce qu'ils n'entendent pas le Grec & le Latin, ou qu'ils ne les entendent pas parfaitement, ce qui est une injustice, car encore une fois il ne s'agist pas de decider de l'Elegance du style des Auteurs dont ils ne diront rien, mais de leur bon sens & de leur éloquence, dont ils peuvent juger aussi bien & aussi sainement que Turnebe & Casaubon.

LE PRESIDENT.

Voulez-vous bien Mr. l'Abbé que je vous dise la verité, dans le dessein loüable que vous avez de faire honneur à nostre Siecle & aux Modernes vous, deviés vous renfermer dans les Arts & dans les Sciences où une longue suite de temps estoit necessaire pour les porter à leur derniere perfection, comme la Physique, l'Astronomie, la Navigation, la

Geographie, & plusieurs autres de cette nature, parce qu'il s'est fait dans tous ces Arts & dans toutes ces Sciences, diverses découvertes qu'il estoit impossible de faire dans leurs commencemens ; mais pour l'Eloquence & la Poësie qui n'ont pas besoin de longues observations, & qui ne demandent uniquement que beaucoup d'esprit & de genie & un heureux assemblage de talens naturels, que rien n'empesche d'avoir esté donnez il y a plusieurs siecles à de certains hommes, comme en effet cela est arrivé sous les siecles d'Alexandre & d'Auguste en la personne de Demosthene & de Ciceron, il falloit passer condamnation sur cet article ; & ne pas gaster vostre cause en joignant à des pretentions plausibles & soûtenables une pretention aussi estrange que celle de nous persuader que l'Eloquence & la Poësie des Anciens ne l'emportent pas sur celle des Modernes.

L'ABBÉ.

Pourquoy voulés-vous Mr. le President que l'Eloquence & la Poësie n'ayent pas eu besoin d'autant de siecles pour se perfectionner que la Physique & l'Astronomie. Le cœur de l'homme qu'il faut connoistre pour le persuader & pour luy plaire, est-il plus aisé à penetrer que les secrets de la Nature, & n'a-t-il pas de tout temps esté regardé comme le plus creux de tous les abismes, où l'on découvre tous les jours quelque chose de nouveau, & dont il n'y a que Dieu seul qui puisse sonder toute la profondeur. Comme les Anciens connoissoient en gros aussi bien que nous les sept Planettes, & les estoilles les plus remarquables, mais non pas les satellites des Planettes, & un grand nombre de petits astres que nous avons découverts, de mesme ils connoissoient en gros aussi bien que nous les passions de l'ame, mais non pas une infinité de petites affections & de petites circonstances qui les accompagnent, & qui en sont comme les satellites, ce n'a esté que dans ces derniers temps que l'on a fait & dans l'Astronomie & dans la Morale, ainsi qu'en mille autres choses, ces belles & curieuses découvertes : En un mot, comme l'Anatomie a trouvé dans le cœur des conduits des valvules, des fibres, des mouvemens & des symptomes qui ont échappé à la connoissance des Anciens, la Morale y a aussi trouvé des inclinations, des aversions, des desirs & des dégousts, que les mesmes Anciens n'ont jamais connus : Je pourrois vous faire voir ce que j'avance en examinant toutes les passions l'une aprés l'autre, & vous convaincre qu'il y a mille sentimens delicats sur chacune d'elles dans les Ouvrages de nos Auteurs, dans leurs traitez de Morale, dans leurs Tragedies ; dans leurs

Romans, & dans leurs pieces d'eloquence, qui ne se rencontrent point chez les Anciens. Dans les seules tragedies de Corneille il y a plus de pensées fines & delicates sur l'Ambition, sur la Vengeance, sur la Jalousie, qu'il n'y en a dans tous les livres de l'antiquité.

LE CHEVALIER.

Ce que vous dites me paroist bien veritable, particulierement sur le fait de l'Amour, car autant que la plûpart des Anciens en ont parlé d'une maniere grossiere & peu spirituelle, autant en a-t'on parlé delicatement dans nostre siecle.

LE PRESIDENT.

Croyés-vous que tous ces raffinemens qu'on a trouvés dans la galanterie soit quelque chose de fort glorieux pour les Modernes.

LE CHEVALIER.

Si j'estois en humeur de plaisanter

je conviendrois avec vous qu'on a eu tort de spiritualiser la matiere comme on a fait, qu'il falloit s'en tenir au solide comme les Anciens, & qu'on ne peut trop loüer la Jeunesse d'aujourd'huy qui travaille si heureusement à remettre les choses sur le bon pied, qui ne s'amuse plus à la bagatelle & qui, sans perdre de temps à faire de longues circonvallations, va droit au fait ; mais à parler serieusement rien ne marque davantage le peu de politesse des siecles d'Alexandre & d'Auguste que la maniere brutale dont ils traittoient l'amour. Toutes les delicatesses qu'on y a trouvées depuis leur estoient inconnuës, vous ne trouverez peut-estre pas un seul Amant dans tous les livres des Anciens qui dise n'avoir osé declarer sa passion par respect, & de peur d'offencer celle qu'il aime. Un Amant sortoit le soir avec une bonne hache pour enfoncer la porte de sa Maistresse si elle ne la luy ouvroit pas aſſés promptement, c'eſtoit la mode, & meſme une hache eſtoit une piece de l'equipage d'un Amant plus eſſentielle qu'une Lyre, parce qu'il eſt plus aiſé de joüer de cet inſtrument que de l'autre. Eſt-ce que l'honneſteté, la civilité & la deference pour le beau ſexe, vertus preſque inconnuës aux Anciens, & qui ont eſté portées ſi loin par les Modernes, ne ſont pas quelque choſe de beau & de loüable? ces rafinemens ſont des preuves aſſurées du progrez qu'on a fait dans la connoiſſance de cette paſſion, & par conſequent dans la connoiſſance de toutes les autres paſſions que l'Eloquence ſe meſle d'émouvoir ou d'appaiſer ſelon qu'il luy eſt utile de le faire.

LE PRESIDENT.

Toute cette galanterie outrée, dont vous voulés qu'on ſache tant de gré à noſtre ſiecle n'eſt qu'une pure molleſſe dont on devroit rougir si l'on estoit bien sage.

LE CHEVALIER.

Il y a si peu de mollesse dans l'honneste, & respectueuse deference qu'on rend au beau sexe, qu'on a toûjours remarqué que les Chevaliers les plus galands ont esté les plus braves, & qu'autant qu'ils se faisoient aimer dans les carrousels, autant se faisoient-ils craindre dans les combats.

L'ABBE'.

Si vous prenés les choses du côté de la Morale, je conviendray sans peine, n'en deplaise aux Dames & à Monsieur le Chevalier, qu'on eust bien fait de ne point donner tant de charmes & tant d'agremens à une passion qui n'est déja que trop dangereuse ; mais puis qu'il ne s'agit presentement que d'esprit & que d'Eloquence, on ne peut pas nier qu'il n'y ait davantage & de l'un & de l'autre dans les manieres fines & galantes des Modernes que dans les manieres simples & grossieres des Anciens.

LE PRESIDENT.

Ce qu'on a ajoûté aux manieres anciennes n'est au plus que de pures inutilités, & en effet faut-il tant de façons pour dire à une femme qu'on a beaucoup d'amour pour elle; je suis d'ailleurs convaincu que la simplicité du discours en pareille rencontre a plus de force qu'une longue suite de periodes bien arrangées & bien arrondies.

L'ABBE'.

Je croy en effet que pour l'intention principale de la Nature, tout ce manege de galanterie n'est pas fort necessaire, & que comme les Anciens s'en sont passés, les Modernes auroient pû s'en passer aussi, mais il n'estoit pas possible que la politesse qui s'est augmentée dans toutes choses par la suite des temps ne fist aussi de ce costé-là un progrez considerable. La chose est venuë à tel point que l'amour grossier & la fine galanterie, sont aujourd'huy deux choses tres-distinctes & tres-separées, & que comme il y a des gens qui ne recherchent dans cette passion que ce qu'il y a de plus materiel, il y en a d'autres qui n'en aiment que ce qu'elle a de plus spirituel & de plus delicat.

LE PRESIDENT.

L'Amour est une chose où il ne faut point tant de façons.

LE CHEVALIER.

Ce que vous dites me fait souvenir d'une avanture assés plaisante qui nous arriva dernierement à la campagne chez un de mes amis; nous estions cinq ou six avec luy dans la cour de son Château, lorsque son Cuisinier vint à passer tenant un Marcassin de nostre chasse du jour precedent, & qu'il portoit à la cuifine pour l'habiller, un de nous s'avisa de dire qu'il n'y avoit point de beste qui par le dedans du corps ressemblât mieux à l'homme que cette espece d'animaux. Là dessus un autre dit que si Monsieur * * * qui estoit des nostres, & qui est comme vous le sçavés, un des plus celebres Anatomistes de nostre siecle, vouloit bien en faire la dissection cela feroit passer un quart d'heure bien agreablement à la compagnie. Nôtre amy s'y offrit avec joye, & l'on alla aussi-tost à la cuisine. Il est vray que pendant un quart d'heure il nous donna bien du plaisir en nous montrant la differente conformation de toutes les parties de cet animal, leur situation & leurs usages, c'estoit même un plaisir de voir l'adresse & la legereté de main dont il les separoit & les dissequoit avec les petits scalpels dont on use en pareilles operations. Quand il eut fait, on remit le Marcassin entre les mains du Cuisinier qui avoit paru de mauvaise humeur pendant toute la dissection, parce qu'il s'êtoit imaginé qu'on avoit amené cet homme là pour luy apprendre à habiller un Marcassin, dequoy cependant il croyoit qu'il n'avoit pû venir à bout. Comme nous sortions je l'entendois qui disoit avec indignation en tirant toutes les entrailles à la fois, & les jettant fierement contre terre, voila comme je fais moy, peste des ignorans avec leurs petits coûteaux, faut-il tant de façons pour habiller un Marcassin.

L'ABBE'.

Ce conte explique parfaitement ma pensée, & marque bien la difference qu'il y a entre l'Amour grossier qui va brusquement à ses fins & la Galanterie rafinée qui s'arreste aux plus petites circonstances, & qui fait une exacte anatomie des moindres mouvemens du cœur.

LE CHEVALIER.

Du train que nous allons nous ne verrons de long-temps la fin de nôtre dispute, nous ne sommes pas encore entrés en matiere.

LE PRESIDENT.

La dispute sera bien-tôt finie si vous voulez, il n'y a qu'à me nommer deux Orateurs de ce temps-cy qui vallent mieux que Demosthene & que Ciceron.

L'ABBE'.

J'avoüe que je n'ay point d'hommes à vous nommer dont les noms puissent tenir contre ceux de Ciceron & de Demosthene, le temps qui embellit si fort les beaux tableaux, comme nous le disions cette aprés disnée, & qui en augmente le prix si considerablement, donne encore à proportion plus de relief aux noms des grands hommes.

LE CHEVALIER.

Vous sçavés M' le President, vous qui estes curieux en medailles combien cette rouille verte qui leur vient de l'ancienneté, ce vert de poireau, comme vous l'appellez, les embellit & les rend prétieuses, & combien celles qui ont ce beau vernis fussentelles du bas Empire sont preferées à toutes les modernes; il en est de mesme des noms que des medailles. Il feroit beau voir les noms de Gassion & de Bertrand du Guesclin le disputer avec ceux de Themistocle & d'Epaminondas, ceux de Descartes, de Gassendi, de Viete se mesurer avec ceux d'Empedocle d'Euclide & d'Archimede, ce seroit la même chose que si la riviere d'Estampes & celle des Gobelins vouloient se comparer avec le Simoïs & le Scamandre, quoy qu'asseurement elles ne leur cedent en rien ny pour l'abondance des eaux, ny pour la beauté des rivages.

L'ABBE'.

Il faut donc mettre à l'écart les noms des Auteurs, les faire retirer de part & d'autre, & ne laisser combattre qu'ouvrage contre ouvrage, & Eloquence contre Eloquence, c'est là le seul moyen d'en juger sainement & sans prevention. Pour y proceder avec ordre je croy que nous devons commencer par convenir de ce que c'est que l'Eloquence. Ciceron que nous reconnoissons tous pour un excellent Maistre en donne plusieurs définitions. L'Eloquence, dit-il, consiste à parler avec abondance & avec ornement; l'Orateur, dit-il ailleurs, n'est autre chose qu'un homme de probité qui parle bien, & dans un autre endroit, il dit, qu'estre Eloquent c'est sçavoir dire des choses qui persuadent.

LE CHEVALIER.

Je croy que Ciceron a fait la premiere de ces definitions pour luy-mesme: car il parle fort abondamment.

L'ABBE'.

Ces trois definitions sont excellentes appliquées où elles conviennent, mais comme nous avons à parler de toutes sortes d'Eloquences, de celle des Historiens, de celle des Philosophes, de celle des Orateurs, & de plusieurs autres encore toutes d'espece differente, je ne voy pas que nous puissions nous en servir, parce qu'il n'y en a pas une qui convienne à tous les genres de bien dire. Des Philosophes ont esté eloquens sans parler avec abondance, plusieurs Auteurs qui n'estoient nullement en reputation de gens de probité ont fait des Livres où brille beaucoup d'eloquence, & les meilleurs Historiens contens de bien narrer les choses passées se sont peu mis en peine de faire prendre parti à leurs Lecteurs. Je voudrois donc que l'Eloquence en general ne fuſt autre choſe que l'Art de bien parler ſelon la nature du ſujet que l'on traite, & ſelon les lieux, les temps & les perſonnes.

LE PRESIDENT.

Je reçois volontiers cette definition, car c'eſt en quoy les Anciens ont particulierement excellé, je veux dire d'avoir eſté Eloquens de l'Eloquence qui convenoit à leur matiere. Demoſthene & Ciceron de l'Eloquence des Orateurs; Thucidide, & Tite-Live de celle des Hiſtoriens, Platon de celle des Philoſophes & ainſi des autres. Ils ont meſme entré ſi heureuſement chacun dans leur caractere, & dans le genre d'Eloquence qui leur eſtoit propre qu'on ne ſçauroit y parvenir qu'en ſuivant pas à pas les routes qu'ils nous ont tracées.

LE CHEVALIER.

N'ajoûtez-vous pas encore que c'eſt à condition qu'on n'ira jamais auſſi loin qu'eux?

LE PRESIDENT.

Assurement & je ne croy pas qu'on puisse en disconvenir.

L'ABBE'.

Est-il possible que vous ayés une si petite idée de l'esprit humain & des forces de la Nature. Certains hommes se sont trouvez avoir le don de la parole en un haut degré, & parmi des Peuples qui ont pris plaisir à exagerer leur merite, là dessus vous concluez que la Nature a fait ses derniers efforts pour les produire, & des efforts si grands & si heureux qu'elle n'y reviendra jamais. Parce que toute la Grece prit les Armes pour retirer Helene que Paris avoit enlevée, & qu'une longue guerre a rendu sa beauté celebre ; parce que Cleopatre s'est fait aimer de Marc-Antoine & de Cesar, estimez-vous qu'il n'y ait jamais eu d'aussi belles femmes dans le reste du monde. Il y avoit peut estre dans Lacedemone

& dans Alexandrie vingt femmes plus belles qu'Helene & que Cleopatre, mais moins celebres, parce qu'elles estoient plus chastes.

LE CHEVALIER.

Non seulement ce que vous dites est veritable, mais l'on voit tous les jours une infinité de differentes sortes de beautés toutes charmantes qui ne ressemblent ny à Helene ny à Cleopatre. Je me trouvay il y a quelque temps avec cinq ou six de mes amis dans le Cabinet d'un curieux qui avoit pris plaisir de ramasser les Portraits des plus belles femmes qui soient aujourd'huy dans l'Europe, & de celles qui y ont fait du bruit pendant le dernier siecle: de quarante ou cinquante Portraits que nous regardions il n'y en avoit peut-estre pas deux qui se ressemblassent, ny qui fussent du mesme genre de beauté, nous nous imposames la necessité de choisir chacun celle qui luy plairoit le plus pour voir si nous nous rencontrerions. Le choix tomba sur autant de beautez que nous estions d'hommes, & pas une n'eut deux voix pour elle.

L'ABBE'.

Non seulement l'Eloquence a le don de plaire sous differentes formes, mais il est malaisé de decider sous laquelle elle plaist davantage. Nous avions à Paris, il n'y a pas long-temps deux excellens Predicateurs qui se sont acquis une tresgrande reputation par des voyes toutes opposées. L'un d'eux ne disoit presque rien qui ne surprît par sa nouveauté. Tout estoit fin, subtil & delicat dans son discours, & l'on ne pouvoit trop admirer où il avoit pu prendre tant de belles choses qui paroissoient n'avoir jamais été pensées. L'autre au contraire ne disoit presque rien qui n'eust déja passé plusieurs fois, quoy que confusement, dans l'esprit de ceux qui l'écoutoient, ou s'il avoit à avancer quelque chose un peu au dessus des idées communes & ordinaires, avant que d'en venir là il avoit l'industrie de jetter quelques paroles qui faisoient comme germer dans leur esprit la reflection qu'il alloit faire, afin qu'ils la receussent & l'embrassassent plustost comme la leur propre, que comme la sienne, enfin ses Auditeurs ne pouvoient s'étonner assez comment il sçavoit si bien entrer dans leurs sentimens, & les charmer par leurs propres pensées sans faire autre chose en quelque sorte que de les embellir par le beau tour qu'il leur donnoit. Ces deux grands hommes ont eu leurs partisans, & leur éloquence, quoy que tres-differente l'une de l'autre, s'est fait aimer & admirer presque également de tout le monde. Il en est ainsi de tout ce qui depend du goust & de la fantaisie, & comme l'Eloquence est de ce nombre en beaucoup de choses, il n'est point vray qu'elle ne puisse plaire qu'en deux ou trois façons, ou vestuë à la greque & encore à la mode de Demosthene, de Thuridide & de Platon, ou vestuë à la Romaine & à la mode de Ciceron & de Tite-Live.

LE PRESIDENT.

Je ne demeure point d'accord que l'Eloquence soit une chose de goust & de fantaisie, elle a ses regles & ses preceptes selon lesquels elle plaist toûjours, & hors desquels elle ne sçauroit plaire.

L'ABBE'.

Pour nous mettre d'accord, il faut distinguer deux sortes de beautez dans l'Eloquence, comme nous l'avons fait dans l'Architecture, & comme on le peut faire dans toutes les choses du monde. Des beautés universelles & absoluës, c'est à dire qui plaisent en tous temps, en tous lieux & à toutes sortes de personnes: d'autres particulieres & relatives qui ne plaisent qu'à certaines personnes

des-Anciens & des Modernes. 49
sonnes qu'en certains lieux & qu'en certains temps. Voicy quelques-unes des beautez de la premiere espece. Entrer dans les sentimens de ceux à qui on parle, se concilier leur bienveillance, narrer clairement & brievement le fait dont il s'agit, raisonner juste & consequemment, prouver ce qu'on avance, & refuter les objections par des raisons solides & convainquantes; ces beautés ne sont point de pur goust ny de fantaisie, elles sont aimées & le seront eternellement de tout le monde. Voicy quelques-unes des beautez de la seconde espece. Estre abondant & copieux, estre concis & serré, estre grave & severe, estre orné & fleury, estre soûtenu & vehement, estre doux, familier & facile; ces beautés ne plaisent pas toûjours, ny à toutes sortes de personnes, & si elles plaisent, c'est tantost plus & tantost moins, selon l'humeur des Auditeurs, ou selon le goust & la mode du siecle. Ainsi les

II. Partie.

Grecs vifs & penetrans, qui entendoient à demy-mot les matieres les plus difficiles, qui ne s'occupoient qu'à dire & à oüir quelque chose de nouveau, & de qui on a dit qu'il falloit qu'un Orateur les tirast en volant; les Grecs, dis-je, vouloient une Eloquence concise & resserrée qui en donnât plus à entendre qu'elle n'en exprimoit. Les Asiatiques voluptueux & effeminez qui fuyoient toute sorte de travail jusqu'à l'application un peu tenduë aux discours qu'ils estoient obligez d'écouter, vouloient une Eloquence agreable & fleurie, qui flatast leurs oreilles par une longue suite de paroles bien sonnantes & bien arrangées, & qui leur donnast tout le temps que demandoit leur paresse pour comprendre aisément ce qu'on leur disoit. Les Romains graves & serieux refusant d'un costé la mollesse de l'Eloquence Asiatique, & de l'autre, la trop grande brieveté de l'Eloquence Grecque, comme peu convenable à la gravité des Peres Conscripts, vouloient pour estre ebranlés une Eloquence nombreuse & estenduë, de mesme que les grands fardeaux demandent de grandes machines pour estre remuez. Les autres Nations ont eu leur goust particulier, qu'il a fallu que leurs Orateurs ayent étudié pour se faire écouter favorablement : ce qui se dit des differentes Nations se doit entendre aussi des humeurs, & des professions differentes qui se rencontrent dans chaque nation, comme aussi des differents siecles & des differents temps. Cela supposé nous ne serons pas reduits à ne reconnoistre qu'un seul excellent Orateur, ce qu'il faudroit faire s'il n'y avoit qu'une seule maniere d'estre Eloquent. Nous dirons que Demosthene, simple & concis a esté l'Orateur le plus selon le goust des Grecs ; Ciceron, abondant & orné celuy qui a touché davantage les Romains, mais nous nous donnerons bien de garde de dire qu'il n'y ait point eu d'autres Orateurs auſſi excellens qu'eux dans d'autres temps, ſoit dans le même genre d'Eloquence, ſoit dans de differens genres.

LE PRESIDENT.

De quelque maniere que l'on s'y prenne, les Maiſtres ſeront toûjours les Maiſtres, & les Diſciples les Diſciples.

L'ABBE'.

Il me ſuffira pour faire voir que les Anciens ont eſté inferieurs aux Modernes dans toutes les parties de l'Eloquence, mais particulierement dans ce qui regarde les beautez eſſentielles que j'ay touchées, de prouver que la Methode qui eſt d'une neceſſité indiſpenſable pour les bien mettre en œuvre, & qui avec le temps eſt devenuë commune & ordinaire, leur eſtoit une choſe preſque inconnuë.

LE CHEVALIER.

A propos de Methode. D'où vient que dans la Logique de Port-Royal, qui nous a esté donnée sous le titre de l'Art de penser, la Methode est mise comme la quatriéme operation de l'entendement: car j'ay toûjours oüy dire qu'il n'y en avoit que trois. *La simple aprehension, le jugement & le discours.* Mon Regent ne m'a jamais dit qu'il y en eust davantage, & je croy qu'on s'en tient là dans tous les Colleges.

L'ABBE'.

Cela estoit ainsi de mon temps, & je ne sçay si l'on s'est corrigé depuis. Cependant non seulement la Methode est une des operations de l'entendement qu'il appartient à la Logique de diriger, mais elle est la plus importante de toutes, & celle qui a le plus besoin de preceptes. Les trois autres operations de l'Esprit sont si naturelles, que c'est plûtost par curiosité qu'on donne des preceptes pour s'y conduire, que par le besoin qu'on en ait; en effet est-il quelqu'un qui ne sçache pas, sans aucun art se former des idées generales & particulieres de toutes choses, qui ait de la peine à joindre deux idées ensemble, & à en faire une proposition, & qui de deux propositions n'en tire facilement une consequence. Ces trois operations de l'Esprit se font sans peine, & se font ordinairement bien par tout le monde. Mais quand il faut arranger des preuves & des raisonnemens, & leur donner la place qu'ils demandent pour entrer sans confusion dans l'esprit & y faire leur effet, c'est là où il faut de l'Art, & où la Logique a dequoy faire voir & sa force & son industrie.

LE CHEVALIER.

Permettez-moy de faire une comparaison là dessus. Former des idées, c'est lever des soldats, Faire des propositions en joignant des idées les unes aux autres, c'est faire des compagnies en joignant des soldats les uns aux autres. Faire des argumens en assemblant des propositions, c'est faire des regimens en assemblant des compagnies ; mais composer avec des argumens, des discours qui ayent un bel ordre, & qui procedent d'une maniere qui convainque l'Esprit, c'est avec des regimens, faire une armée, c'est la ranger en bataille, c'est la faire marcher, la faire combattre, la faire defiler & luy faire faire tous les mouvemens qu'enseigne l'Art militaire. Or comme ce dernier travail est infiniment plus noble & plus difficile que les trois autres qui n'aboutissent qu'à celuy-là, & qu'il est le comble de la perfection de ce grand Art, je croy qu'on peut dire que la Methode est aussi la plus noble, la plus difficile & la plus necessaire partie de la Logique.

L'ABBE'.

Voſtre comparaiſon me fait plaiſir, car elle explique parfaitement bien ma penſée.

LE PRESIDENT.

Que concluez-vous, je vous prie, de voſtre penſée & de voſtre comparaiſon.

L'ABBE'.

Nous concluons que la plûpart des Anciens n'ont guere connû ce que c'eſtoit que la methode, puis qu'ils ne ſe ſont pas aviſez, en traittant de la Logique, de la mettre au nombre des operations de l'entendement qu'elle doit diriger. Ils penſoient que c'eſtoit aſſez de faire de bons argumens dans leurs diſcours, & que chaque choſe à part fût bien raiſonnée & bien concluante, ſans ſe mettre beaucoup en peine de l'ordre & de l'arrangement qu'il leur falloit donner. Il n'y a qu'à lire leurs ouvrages pour en eſtre persuadé. Pouvez-vous soûtenir par exemple qu'il y ait de l'ordre & de la methode dans les écrits de voſtre cher & divin Platon. Ce Philoſophe a toûjours eſté regardé comme un grand Maiſtre de Morale & de Politique, cependant y a t-on jamais trouvé une ſuite de maximes & de preceptes, dont on ait fait un ſyſtéme certain & déterminé, & dont on ait pû dire voilà ce que penſoit Platon ſur la Morale & ſur la Politique. Point du tout, chacun y a trouvé ce qu'il a voulu, & c'eſt ce qui a fait que ſa Secte s'eſt diviſée en tant de familles de Philoſophes. Pareille choſe n'arrive point entre les diſciples de Deſcartes, ils conviennent unanimement des dogmes & des opinions de ce grand homme : cette différence vient aſſurément de ce que Platon a ſemé ſa doctrine mal conceuë & mal digerée çà & là dans ſes ouvrages, ſans ordre & ſans methode, & que Deſcartes aprés y avoir bien pensé, & aprés estre bien d'accord avec luy-mesme de ce qu'il pensoit, a expliqué sa doctrine d'une maniere claire, nette & methodique. Ce manque d'ordre est si commun à tous les Philosophes, qu'il se trouve dans Aristote mesme, quoy qu'on luy soit en quelque sorte redevable de la methode, qui semble avoir pris naissance dans les Livres où il en a traité. Il estoit tres-habile, mais il ne sçavoit pas encore bien pratiquer luy-même ce qu'il enseignoit aux autres.

LE CHEVALIER.

Il en est donc en cela d'Aristote, comme de Vaugelas, à qui il arrive souvent, ainsi qu'il l'avouë luy-mesme, de pecher contre ses propres preceptes.

L'ABBE'.

Cela est vray, mais autant qu'il est rare de voir Vaugelas ne pas suivre les remarques qu'il nous a données, autant est il ordinaire de voir Aristote s'éloigner des regles qu'il prescrit.

LE PRESIDENT.

Ce que vous dites paroist estrange.

L'ABBE'.

Il ne l'est pas trop, rien n'est plus ordinaire que de voir des gens qui ne sçavent pas mettre en pratique les choses dont ils ont neanmoins une tres grande theorie. Combien d'hommes sçavent tous les preceptes de l'Eloquence, & ne sont pas Eloquens, & combien d'un autre costé en voit-on d'Eloquens qui ne sçavent aucun precepte d'eloquence.

LE CHEVALIER.

Je connois des Provinciaux qui sçavent par cœur les Remarques de Vaugelas, & toutes celles du Pere Bouhours, de Mr. Menage & de Mr. Corneille, & qui parlent fort mal François, pendant que tous les enfans elevés à la Cour parlent tres-juste & tres-correctement, sans avoir jamais appris un seul mot de Grammaire.

L'ABBE'.

C'est que le bon exemple suffit seul pour enseigner à bien faire, & pour en contracter l'habitude qui produit ensuite des actes plus parfaits que la science toute seule. De là vient qu'il n'y a presque personne aujourd'hui qui n'ait de l'ordre dans ce qu'il dit, & dans ce qu'il écrit, quoy que la plûpart ignorent ce que c'est que Logique & que Metaphysique; & qu'Aristote tout habile qu'il estoit dans la theorie de ces deux sciences, n'a sçû mettre de l'ordre dans la plûpart de ses ouvrages. Il m'en revient dans la memoire une preuve bien convainquante. Vous sçavez Mr. le President que plusieurs sçavans pretendent que ses huit livres de Physique ne sont point rangez aujourd'huy comme ils le doivent estre, & comme Aristote les a rangez, que le quatriéme par exemple doit estre le premier, le sixiéme le second, le dernier le troisiéme, &c. que quelques autres au contraire soûtiennent qu'ils sont dans l'ordre qu'ils doivent estre; si Aristote avoit eu de la methode pourroit-il y avoir une pareille contestation entre des gens sçavans & éclairés ? Si l'on derangeoit les livres ou les chapitres du moins methodique des ouvrages d'aujourd'huy, on n'auroit nulle peine à les remettre dans le mesme ordre où l'Auteur les a mis.

LE PRESIDENT.

Vous disiés pourtant ce matin, si je ne me trompe, qu'Aristote estoit different de Platon, en ce qu'il estoit methodique, & que Platon ne l'estoit pas.

L'ABBE'.

Cela est vray par comparaison de l'un à l'autre, mais par rapport aux Auteurs d'aujourd'huy, Aristote ne sçauroit passer dans la plûpart de ses ouvrages pour un écrivain methodique.

LE CHEVALIER.

Je n'ay pas de peine à le croire, veu l'epaisse obscurité qui couvre tous ses ouvrages, & la facilité qu'il y a à luy faire dire tout ce qu'on veut. Mr. Gassendi disoit qu'Aristote avoit un nez de cire qu'on faisoit tourner du côté qu'on vouloit avec une chiquenaude. En effet, il n'y a point d'opinion si étrange dans la Philosophie qu'on ne trouve ou qu'on ne croye trouver dans ses écrits. Il y a peut-estre cinquante Professeurs de Philosophie dans Paris qui soûtiennent des opinions toutes differentes les unes des autres, & il n'y en a pas un qui ne mette Aristote dans son party, & qui n'en rapporte en sa faveur des témoignages tres-authentiques, & tres-clairs à ce qu'il pretend.

L'ABBE'.

Il est certain, que si Aristote avoit écrit methodiquement, qu'il eût commencé par donner une bonne definition des choses dont il parle, qu'ensuite il en eût fait une division juste & exacte, qu'aprés cela il eût examiné nettement & par ordre tous les membres de ses divisions, ensorte qu'il parût au Lecteur qu'il a épuisé sa matiere, & qu'il ne s'est point écarté à d'autres choses qui n'en sont pas, on sçauroit à quoy s'en tenir sur ce qu'il a pensé, & on pourroit dire voilà quelle est l'opinion & le sentiment d'Aristote sur telle & telle matiere, mais on n'en est jamais convenu, & on n'en conviendra jamais : on trouve toutes choses confusément dans ses ouvrages, & l'on n'y trouve rien de bien net & de bien precis.

LE PRESIDENT.

D'où vient que vous aimez mieux rejetter sur l'obscurité, & le manque d'ordre d'Aristote tous les sens bizares que l'on luy donne, que sur l'ignorance & le peu de lumiere de ses Interpretes, dont il est bien plus naturel de n'avoir pas grande opinion que d'Aristote, qui a esté regardé de tout temps, comme le genie & l'Interprete de la Nature.

L'ABBE'.

C'est que si Aristote avoit mis de l'ordre dans ce qu'il dit, & avoit sçû se rendre intelligible, on l'auroit entendu depuis le temps que tant de gens habiles entreprennent de l'interpreter, & d'y faire des Commentaires. Ce n'est pas qu'Aristote n'ait esté un des plus grands Esprits, des plus profonds & des plus sublimes que Dieu ait jamais mis au monde, qui a dit autant de choses admirables sur toutes sortes de matieres qu'aucun autre qui ait écrit jusqu'à son temps, en un mot qui estoit autant habile qu'on le pouvoit estre alors, mais c'est qu'il ne pouvoit pas sçavoir encore ce que le Temps & l'Experience n'ont découvert que dans la suite. Car vous vous souviendrés s'il vous plaist Mr. le President, que dans nostre dispute nous ne comparons pas les hommes avec les hommes, qui se sont toûjours ressemblés, & qui se ressembleront toûjours, c'est à dire, que les grands genies d'un siecle regardés en eux-mesmes, & dans leurs talens purement naturels sont toûjours égaux aux grands genies d'un autre siecle, mais que nous comparons les ouvrages des Anciens avec ceux des Modernes, & que l'avantage d'estre venus les derniers est si grand, que plusieurs ouvrages des Modernes, quoy que leurs Auteurs soient d'un genie mediocre, valent mieux que plusieurs ouvrages des plus grands hommes de l'Antiquité. Ce manque d'ordre est presque general & commun à tous les Anciens, car hors les Historiens que la suite des temps a conduits malgré qu'ils en eussent, & quelques Mathematiciens, comme Euclide qui ont esté menés par l'arrangement naturel de leur matiere, qui veut par exemple, qu'on traite du point avant que de traiter de la ligne, & de la ligne avant que de passer à la superficie, presque tous les autres ont fait voir qu'ils n'avoient point une vraye connoissance de la Methode; & l'on ne doit pas s'en estonner, puisque Aristote tout grand Logicien qu'il estoit n'en a pas eu luy-mesme. Quand on lit leurs ouvrages, on ne sçait la plûpart du temps, où l'on en est, d'où on est parti, par où l'on a passé, & moins encore où l'on va. On commence par s'en imputer la faute à soy-mesme, n'osant pas s'imaginer que de grands personnages ayent manqué en des choses si essentielles,

& qui fe trouvent dans prefque tous les ouvrages d'aujourd'huy. On veut toûjours que fi l'on n'entend pas bien la fuite de leurs raifonnemens, c'eft faute d'y apporter une attention fuffifante, mais dés qu'on fe donne la peine d'en faire l'analife, on voit que fi on n'y a pas trouvé d'ordre ny de methode, c'eft qu'effectivement il n'y en a pas. Ils avoient fi peu d'attention à feparer & à demefler nettement les chofes dont ils parloient qu'ils ne faifoient la plûpart aucuns chapitres ni aucunes fections dans leurs écrits, non pas même ce que nous appellons des *alinea*, écrivant tout d'une fuite ce qui leur venoit dans l'efprit, fans fe mettre beaucoup en peine fi les matieres eftoient rangées comme le bon ordre le demande, mettant bien fouvent dés le commencement ce qui n'auroit dû eftre placé que fur la fin, & à la fin ce qu'il auroit fallu traitter & éclaircir dés le commencement. De là eft née principalement cette obscurité impénétrable dont ils sont environnez, qui a fatigué tant d'Interpretes & de Commentateurs. De là est venu qu'on appelle Estude la lecture de leurs ouvrages, & que ce nom ne se donne point à la lecture des livres des Modernes, où tout est si bien rangé & si bien digeré, qu'il n'y a qu'à les lire pour les entendre.

LE PRESIDENT.

J'avouë que l'ordre est une tresbelle chose, aussi les Anciens ont-ils eu l'Art d'en mettre suffisamment dans leurs ouvrages, mais par un autre Art mille fois plus beau & plus difficile, ils ont sçû le cacher adroitement.

LE CHEVALIER.

Ils l'ont caché si adroittement qu'on ne le voit point.

LE PRESIDENT.

Aussi ne faut-il pas qu'on le voye

dans les ouvrages d'Eloquence.

L'ABBE'.

Il est bon quelquefois qu'il ne paroisse pas à visage decouvert, mais il faut toûjours qu'on le voye assés pour en estre conduit, pour voir le chemin par où l'on passe & le progrez que l'on fait dans la connoissance de la matiere qui est traitée. Car s'il est vray, que tout discours ait pour but, ou d'instruire, ou de plaire, ou de persuader; but qui n'est point de fantaisie, mais essentiel & necessaire, il est encore plus vray qu'on ne peut parvenir à aucune de ces trois fins sans l'ordre & la methode. Pour ce qui est d'instruire, il est clair qu'on ne le peut pas, puis qu'un amas de preceptes sans ordre & sans une methode qui se fasse sentir, au lieu de faire naistre la science dans un esprit, ny peut produire que de l'embarras & de la confusion. Pour plaire on le peut encore moins, & il y a la mesme difference entre escouter un discours où il y a de l'ordre, & un discours où il n'y en a point, qu'entre marcher pendant le jour, & marcher pendant les tenebres, car s'il est agreable de voir les lieux par où l'on passe, & le chemin qu'on fait, & s'il est ennuyeux de ne sçavoir où l'on est, ny si on avance, ou si on recule; il est de mesme tres-agreable de bien voir la chose dont il s'agit, l'arrangement des raisons dont on se sert pour la prouver, & l'évidence de la conviction qui en resulte, comme au contraire, il est fort ennuyeux d'ignorer le veritable nœud de la question, de ne point voir la force qui naist de l'arrangement des preuves, & de ne trouver d'autre raison de la fin d'un discours que la volonté ou la lassitude de celuy qui le fait.

LE CHEVALIER.

Il est vray, que quand un discours est divisé en deux ou trois parties, & que l'Orateur est bien avancé dans sa derniere, on est seur qu'il finira bien-tôt, au lieu que dans les discours sans methode & sans division on n'est assuré de rien. Lors qu'il y a cinq quarts d'heure qu'un homme parle sans qu'on puisse deviner où il en est, il n'y a aucun inconvenient, qu'il ne continuë à parler jusques à la nuit & jusqu'au lendemain.

LE PRESIDENT.

Il peut aussi finir tout à coup, & surprendre agreablement.

LE CHEVALIER.

J'en demeure d'accord, mais je veux voir clair, & sçavoir où je vais, car sans cela je m'ennuye effroyablement.

L'ABBE'.

La clarté qui vient de l'ordre n'est pas seulement utile pour instruire & pour plaire, elle l'est encore infiniment pour persuader.

Rien ne contribuë tant à convaincre l'Esprit, & par consequent à entraisner la Volonté qui le suit ordinairement comme son guide, que l'evidence de la chose proposée, que la suite naturelle & necessaire des conclusions, & la refutation nette & distincte des objections. Tout cela ne peut estre que l'effet du bon ordre, & de la methode bien observée, car de croire que ce soient les apostrophes, les exclamations, les frappemens de mains, les trepignemens de pied, & les autres gestes violens qui convainquent un homme de bons sens, je ne croy pas que ce soit vostre pensée.

LE PRESIDENT.

Et moy je vais vous prouver à mon tour, que rien n'est moins propre pour instruire, pour plaire, & pour persuader que cette methode scholastique que vous vantez si fort.

L'ABBE'.

L'ABBE'.

Je n'ay point voulu parler d'une methode fcholaftique, qui ne peut eftre que fort defagreable, mais d'une methode naturelle & aifée, qui ne paroift qu'autant qu'il eft neceffaire pour eclairer & conduire l'Efprit dans la route où on le mene.

LE PRESIDENT.

Je vous dis encore une fois, que la methode dont vous parlez nuit ordinairement plus qu'elle ne fert dans tous les difcours où il entre un peu d'Eloquence.

LE CHEVALIER.

Si vous venez à bout de bien prouver cette propofition, vous aurez demonté une des plus fortes batteries qu'on puiffe dreffer contre les Anciens, mais je tiens la chofe difficile.

LE PRESIDENT.

Voicy de quelle forte je m'y prens.

L'homme est naturellement orgueilleux, & ne souffre qu'avec peine toute sorte de superiorité. L'air de Maître & de Pedagogue, inseparable de tout ce qui est trop methodique, revolte l'Auditeur superbe qui refuse de recevoir les enseignemens, parce qu'on semble s'elever au dessus de luy, en le traittant d'écolier & de disciple : au lieu que quand les mesmes instructions sont un peu deguisées, & viennent à luy, non point sous la forme & le visage d'instructions, mais comme des verités que le discours amene naturellement, il les aime, il les embrasse & en fait son profit avec d'autant plus d'avidité qu'il les regarde comme des tresors que son bon esprit a trouvés, & qu'il doit à son discernement. Il est constant qu'il prend plus de plaisir à découvrir lui-même comme un homme eclairé, les raisons & les consequences de toutes choses, que lors qu'on les luy fait toucher au doigt, ainsi qu'à un ignorant incapable de rien suppléer de luy-même & que comme il ne voit pas d'abord ce que doit contenir le discours, il a de nouveaux sujets de joye à tous momens, par les nouvelles beautez qu'il decouvre & qui le surprennent agreablement : on en voit un exemple dans la Comedie, où la surprise est un des plus grands charmes qu'on y trouve. Qui ne sçait aussi que rien n'est plus contraire à la persuasion que l'arrangement methodique d'un discours qui peut bien estre propre à éclairer l'entendement, mais qui n'a presque point de force sur la volonté. L'esprit se peut prendre par des circonvallations de raisonnemens, mais le cœur ne se prend que par surprise ou par assaut, il faut pour le gagner ou des choses qui le touchent à l'impourvû, comme quand on chatoüille, ou qui ayent tant de vehemence qu'il en soit accablé. Ce n'a donc point esté faute de connoistre la methode, que les Anciens ont quelquefois voulu paroiſtre n'en avoir pas, mais par un effet de leur grand Art & de leur incroyable ſuffiſance, car il eſt de cet Art comme de pluſieurs autres qu'il eſt moins difficile d'avoir, que de les bien cacher.

L'ABBE'.

Ce que vous dites eſt vray, & je demeure d'accord, que la Methode toute cruë eſt autant nuiſible à l'Eloquence en certaines matieres, que la methode bien digerée & bien entenduë y eſt utile ; auſſi je ne pretends pas loüer ces diſcours qui ne ſont remplis que de diviſions, & qui ſont plûtoſt des traitez de ſciences que des diſcours oratoires & des pieces d'Eloquence.

LE CHEVALIER.

J'ai oüi appeller certains diſcours de cette eſpece, des jeux de quilles, parce que d'abord ils ſe partagent en trois parties, & qu'enſuite chacune de ces parties ſe partage en trois autres, ce qui fait les neuf quilles.

L'ABBE'.

Je ne suis donc point le deffenseur des jeux de quilles, ny de toutes les divisions trop recherchées & trop metaphysiques. Je conviens encore que quand la Methode est cachée, en sorte neanmoins qu'on l'entrevoit toûjours, le discours en est plus agreable & plus eloquent, mais je soûtiens que dans la plûpart des Anciens il n'y en a point, & que c'est par le seul secret aisé de n'y en point mettre qu'elle ne paroist pas. Pour refuter ce que vous venez de dire fort ingenieusement contre la Methode, voicy ce que j'ay à dire. Les hommes sont ou fort intelligens ou fort stupides, ou tiennent le milieu entre ces deux extremités, pour les stupides au souverain degré, comme la plûpart des Païsans qui ne font pas cas d'un Predicateur quand ils comprennent ce qu'il leur dit, s'imaginant que ce n'eſt pas grand choſe puis qu'ils l'entendent, je demeure d'accord qu'un peu de galimatias attire plus leur reſpect & les touche davantage, qu'un diſcours clair & methodique ; mais pour le reſte des hommes rien ne les perſuade tant, que ce qui eſt bien net & bien intelligible ; l'evidence de la verité a toûjours eſté le plus grand charme des Philoſophes qui n'ont regardé les figures de la Rhetorique, quelques grandes & belles qu'elles ſoient, que comme les Machiniſtes regardent la peinture des decorations d'un Opera ; c'eſt à dire, ſans en eſtre touchez, parce qu'ils n'ont d'attention qu'à examiner les reſſorts & les contrepoids qui en cauſent les mouvemens. Cette meſme evidence de la verité que produit la methode, agit ſi neceſſairement ſur l'eſprit de toutes les autres perſonnes un peu intelligentes, qu'il eſt auſſi peu poſſible que leur eſprit ny acquieſce pas, qu'il eſt impoſſible au baſſin d'une balance en equilibre de ne pas ceder au poids dont on le surcharge. Mais comme il ne suffit pas toûjours que l'Esprit soit convaincu, & qu'il s'agit particulierement de gagner la Volonté qui a ses motifs, & si l'on peut dire ses raisons à part, & que bien souvent l'Eloquence aprés s'estre renduë maistresse de l'entendement ne vient pas à bout de cette fiere & libre faculté de l'ame, il faut que l'Eloquence vienne l'attaquer avec ses figures, ses mouvemens, & tout cet attirail de persuasion dont elle force les ames les plus rebelles, & alors je soûtiens que d'avoir gagné l'Esprit est un acheminement à gagner la Volonté, & que d'avoir éclairé l'uñ est une disposition à échauffer l'autre ; Il pourroit mesme arriver que la Volonté vivement combatuë par les mouvemens & les grandes figures de l'Eloquence ; mais ne cherchant qu'à éviter le joug qu'on luy veut imposer se retrancheroit à dire, que l'Esprit n'est pas éclairé ny convaincu, & qu'elle ne doit point se rendre sans la participation & sans l'avis du guide qui luy a esté donné pour la conduire.

LE PRESIDENT.

Vous sçavés cependant, que la Methode dont vous parlez vient de ce qu'il y a de plus incompatible avec l'Eloquence, je veux dire de la Scholastique, & de la Logique qu'on enseigne aux Colleges.

L'ABBE'.

Il est vray, que c'est de là que vient originairement cette facilité si commune aujourd'huy de parler avec ordre, & d'écrire avec methode. Il est vray encore, que rien n'est plus opposé à l'Eloquence, que la Scolastique & la Logique du College, mais il n'est pas extraordinaire de voir sortir un bon effet d'une mauvaise cause. Rien n'est moins agreable à voir que le squelet du corps humain, l'aspect en fait horreur, cependant sans cet assemblage d'ossemens le plus beau corps du monde ne seroit qu'une masse informe de chair, qui ne pourroit se soustenir. Si mesme ces ossemens n'estoient pas bien proportionnés, ou qu'ils fussent disloqués & rompus, il ne s'en feroit que des boiteux & des bossus tres-difformes & tres-desagreables, quelque belle que fust la chair & la peau dont ces ossemens seroient recouverts.

LE CHEVALIER.

Je trouve que la Methode n'est pas seulement necessaire à soustenir le corps de l'Oraison, mais aussi à faire que les Auditeurs ou les Lecteurs s'en souviennent, j'ay encore dans ma memoire certains Sermons que j'ay oüis il y a plus de vingt-ans, & je m'en souviendray assurement le reste de ma vie, par la seule raison qu'ils font tres-methodiques, & que les parties dont ils font composés ont entr'elles un ordre & un arrangement qui me les ramene l'une aprés l'autre dans l'esprit pour peu que je veuille y donner de l'attention.

L'ABBE'.

Il n'en est pas ainsi des ouvrages de la plûpart des Anciens, comme ils sont depourvûs de la methode dont nous parlons, il faut les apprendre par cœur, & mot à mot, pour pouvoir dire ce qu'ils contiennent. Y a-t'il quelqu'un assez habile pour nous dire l'ordre que Seneque a tenu dans son livre des Bienfaits, quelle est l'œconomie de cet ouvrage, quels principes il establit d'abord, & quelles conclusions il en tire dans la suite ; le commencement, le milieu & la fin, ne sont ils pas confondus ensemble, & n'est-ce pas de là qu'il arrive qu'on a tant de peine à le lire jusques à la fin, quelques beaux qu'en soient les morceaux considerés separement, parce qu'on trouve ou qu'on croit toûjours trouver la mesme chose.

LE CHEVALIER.

L'amour qu'on a pour les Anciens est si puissant, que j'ay veu des gens non seulement ne point blasmer le manque de methode dans leurs ouvrages, mais trouver qu'il leur ajoûte beaucoup de graces. Ils vont jusques à l'aimer dans les Modernes, parce qu'en cela ils ressemblent aux Anciens, ils poussent mesme la chose si loin qu'ils ne peuvent souffrir les ouvrages des Modernes, quand ce deffaut là ne s'y rencontre pas, quelques bons qu'ils puissent estre d'ailleurs. Je leur ay veu trouver des Sermons tres-mauvais & tres-pitoyables, quoy qu'ils charmassent tout le monde, seulement parce qu'il y avoit une division.

LE PRESIDENT.

S'il n'y avoit point eu de division dans les Sermons dont vous parlés, je suis persuadé qu'ils auroient esté plus beaux, & plus eloquens.

L'ABBE'.

Si cette division estoit inutile j'en demeure d'accord, mais si elle éclaircissoit, & demesloit bien la matiere, comme il y a apparence, je suis seur que non seulement elle y donnoit de la beauté, mais qu'en mettant de la lumiere dans l'esprit elle disposoit le cœur à estre emû par les figures & les mouvemens de l'Eloquence. Quoy qu'il en soit, entrons en matiere, & commençons par les Historiens, il me semble qu'on donne le premier rang à Thucidide parmy les Grecs, & à Tite-Live entre les Latins, pour avoir possedé tous deux souverainement l'Eloquence, qui est propre à des Hist oriens.

LE PRESIDENT.

Les Critiques conviennent presque tous de cette preéminence que vous leur donnez, & j'en conviens avec vous.

L'ABBE'.

Il eust peut-estre mieux valu pour ces deux Historiens qu'ils ne se fussent point piquez d'Eloquence, que d'en avoir usé comme ils ont fait; à peine Thucidide a-t'il commencé d'expliquer l'estat où estoit la Grece, quand les choses qu'il va narrer sont arrivées, qu'il fait faire aux Corcyreens & aux Corinthiens des harangues d'une longueur exorbitante, ce n'a esté que l'envie de paroistre éloquent qui la poussé à faire d'abord ces deux harangues, & à les faire directes comme toutes les autres qui sont ensuite, ce qui est tout à fait hors de propos.

LE PRESIDENT.

Que dites-vous là Mr. l'Abbé, c'eſt ce qu'il y a de plus beau dans Thucidide & dans Tite-Live, que ces harangues directes que vous blamés.

L'ABBE'.

Je veux croire qu'elles ſont tres-belles, conſiderées en elles meſmes, & qu'on pourroit en faire un beau recuëil de pieces d'Eloquence ; mais comme elles ne ſont point là en leur place, elles font un tres-méchant effet. Quand la harangue directe qu'on trouve dans une hiſtoire a eſté veritablement prononcée, & que l'Hiſtorien qui a eû le bonheur de la recouvrer l'inſere dans ſon livre, & en avertit le Lecteur, rien n'eſt plus agreable que de la lire : car on croit l'entendre declamer par celuy qui la faite, mais quand on eſt aſſuré que l'Hiſtorien n'a pû en ſçavoir les propres termes, on ne peut y prendre un vray plaisir, & il auroit esté plus selon le bon sens, que l'Historien n'en eust rapporté que la substance.

LE PRESIDENT.

Pourquoy voulés-vous que Thucidide n'ait pas sçû les propres termes des harangues qu'il rapporte, puisque les choses qu'il décrit se sont passées de son temps, ou peu s'en faut, & qu'il luy a esté tres-facile de les avoir toutes telles qu'elles ont esté prononcées.

L'ABBE'.

Je le veux, parce que Thucidide le dit luy-mesme. * Il se « roit difficile, dit-il, de rappor- « ter exactement toutes les haran- « gues qui ont esté faites de part « & d'autre, avant ou depuis le « commencement de la guerre: c'est «

* Thucid. l. 1 au commencemens.

» pourquoy je me contenteray de di-
» re ce qui fera le plus conforme au
» sujet, & à l'intention de ceux qui
» auront parlé. Il devoit donc ne dire que la substance des harangues
pour aller à sa fin, & il a eu tort de
vouloir suppleer de son bel esprit la
maniere dont il croit qu'elles ont
esté conceües ; pourquoy s'avise-
t'il de mesler ses imaginations, dont
nous n'avons que faire, avec les ve-
ritйs dont il est uniquement redevable. Pourquoy cesse-t'il d'estre
Historien pour faire l'Orateur,
» puisque l'histoire * n'est pas com-
» me il le dit luy-mesme une recrea-
» tion de quelques heures, mais un
» monument eternel pour servir d'ins-
» truction à la posterité. S'il est vray
qu'on haïsse dans la Comedie mesme
ce qu'on voit trop distinctement
n'estre pas vray, comme le dit Horace, on doit avoir encore plus d'a-
version pour la mesme chose dans
une histoire.

* Thucid. l. 1.

LE PRESIDENT.

Cependant ces discours directs imitent beaucoup mieux la Nature que les obliques, & c'est par ces endroits là que les Auteurs ont acquis le plus de reputation.

L'ABBE'.

Il est vray qu'ils imitent la Nature, mais il faut qu'on puisse croire qu'ils sont veritables. Ils ont tres-bonne grace dans les Romans & dans les Poëmes, soit anciens, soit modernes, parce que ceux qui les font ne sont pas moins les inventeurs des discours que des avantures, parce qu'ils sont reputez estre inspirez comme Poëtes, & qu'il seroit ridicule à eux d'estre scrupuleux sur les paroles, & de ne l'estre pas sur les faits, puisqu'ils sont également les Maistres des faits & des paroles, mais il n'en est pas ainsi des Histoires veritables où il faut donner les choses pour telles qu'elles font & en la maniere qu'on a pû les apprendre, si l'Historien a recouvré une harangue, qu'il la mette comme il l'a recouvrée, s'il n'en a appris que la substance qu'il n'en mette que la substance, & qu'il ne s'amuse point à me vouloir faire admirer son bel esprit en fait d'Eloquence, quand je n'ay d'autre desir que de sçavoir la verité.

LE CHEVALIER.

Je suis de vostre avis, & il m'arrive quelque chose d'assez plaisant quand je lis ces harangues directes dont nous parlons, j'oublie qui est celuy que l'Historien fait parler, & je ne voy plus devant moy, que l'Historien mesme qui compose sa harangue en robbe de chambre & en bonnet de nuit. Il ne m'en arrive pas de mesme quand Homere ou Mademoiselle de Scuderi font parler leurs heros, parce qu'en fait de Fable ou de Roman, tout y est d'invention, & que les paroles que disent les personnages ne sont pas moins leurs vrayes paroles, que leurs actions sont leurs veritables actions, & qu'enfin j'aurois tort de ne recevoir pas également les unes & les autres.

L'ABBE'.

Il est constant, que de mettre dans la bouche des personnes effectives & veritables des paroles qui n'y ont jamais esté, du moins en la mesme maniere, c'est quelque chose qui repugne au caractere de l'histoire, mais ce n'est pas seulement en cela que l'histoire de Thucidide, de Tite-Live, & de la plufpart des Anciens historiens ont l'air de Fable & de Roman, ils l'ont encore en ce qu'ils ne dattent presque jamais les evenemens qu'ils décrivent, cependant rien n'est plus essentiel à l'histoire que la Chronologie, Thucidide se contente de dire qu'il va écrire la guerre du Peloponnese, mais il ne dit point en quelle Olympiade elle a commencé.

LE PRESIDENT.

C'eſtoit une choſe ſi connuë dans toute la Grece, que cette guerre du Peloponneſe qu'il auroit eſté ridicule de marquer le temps de ſa naiſſance.

L'ABBE'.

Y a-t'il rien de plus connu, de plus celebre, & de nature à eſtre plus ſcû de la poſterité que les belles choſes qui ſe font de nos jours, croyez-vous cependant que les excellens hommes qui ont eſté choiſis pour les écrire quelques amateurs qu'ils témoignent eſtre des Anciens, ne marquent pas bien diſtinctement toutes les dattes. Ils marqueront que ce fut en 1668. que le Roy conquit en dix jours toute la Franche-Comté, qu'eſtant party de S. Germain pour cette expedition le deuxiéme Février, il arriva à Dijon le ſeptiéme du meſme mois; que le meſme jour Beſançon ſe rendit au

Prince de Condé, & Salins au Duc de Luxembourg. Que le neuviéme le Roy inveſtit Dole, & le prit le quatorziéme; qu'il prit Gray le dix-neuviéme, & qu'ayant achevé par là toute la conqueſte de la Province, il revint le vingt-quatriéme à ſaint Germain. Ils n'oublierent pas de marquer que ce fut le 17. Mars 1677. que Valancienne fut pris aprés huit jours ſeulement de tranchée ouverte. Que Gand fut aſſiegé le quatriéme Mars 1678. que la Ville ſe rendit le neuviéme, & la Citadelle trois jours aprés. Ils ſeront tres-religieux à marquer les années, les mois & les jours de chaque evenement. Ils ſont dans un ſiecle où tout le monde eſtant informé des conditions eſſentielles de l'hiſtoire, on ne leur pardonneroit pas une pareille negligence. Thucidide fait encore une choſe qui va au de là du Roman, & qui tient de la Comedie, il introduit des eſpeces de Chœurs dans ſon

Histoire, en faisant parler des peuples les uns aux autres ; le peuple estant donc assemblé, dit-il, pour oüir les raisons de part & d'autre, les Corcyreens parlerent en cette sorte, *Ceux qui implorent le secours*, &c. les Corcyreens poursuit-il, ayant ainsi parlé. Les Corinthiens repondirent à peu prés, en ces termes, *Puisque nos ennemis ne se sont pas contentés d'implorer vostre assistance*, &c. On ne sçait ce qu'on voit quand on lit que des Peuples se haranguent les uns les autres, il falloit entrer davantage dans le détail, d'autant plus que c'estoient des choses encore toutes recentes, & dont Thucidide pouvoit avoir aisément une parfaite connoissance.

LE PRESIDENT.

Comme il importe peu de sçavoir par la bouche de qui les Corcyreens & les Corynthiens se sont expliquez, Thucidide a fait en habile homme & en homme eloquent de supprimer ces circonstances inutiles qui auroient diminué quelque chose de la dignité de son Histoire.

L'ABBE'.

Ces sortes de circonstances, de mesme que celles du temps & des dattes dont nous venons de parler, peuvent gaster un Poëme ou un Roman, mais bien loin de gaster une Histoire, elles l'embellissent & l'enrichissent. Est-ce que si Thucidide avoit nommé l'Ambassadeur des Corcyreens qui porta la parole, & le Magistrat de Corinthe qui luy repondit, son Histoire en auroit esté defigurée? nullement: elle n'en auroit eu que davantage le veritable caractere d'histoire. Quand nos Historiens parleront de l'Ambassade que Gennes a envoyée au Roy, se contenteront-ils de dire, les Gennois parlerent en ces termes, ils diront le Doge de Gennes qu'ils nommeront par son nom, & son surnom parla en cette sorte: En un mot, Mr. le President le style de l'histoire n'estoit pas encore formé dans ces temps-là, la pluspart des beautés qu'on y admire, comme les harangues directes, la suppression des dattes, celle des noms peu importans, & de plusieurs circonstances non essentielles au gros de l'action, ne sont point les beautés d'une Histoire, mais d'un Roman ou d'un Poëme; & si nos Historiens s'en abstiennent aujourd'huy, ce n'est point faute de pouvoir imiter en cela les Anciens, chose tres-aisée & tres-commode, mais pour ne vouloir pas tomber dans les mesmes fautes.

LE PRESIDENT.

Ce ne sont que de pures minuties que vous remarqués là, il faut regarder à l'essentiel qui est de bien narrer, & me montrer des Historiens modernes qui s'en acquittent comme Thucidide & Tite-Live.

LE CHEVALIER.

Si Monsieur le President veut bien se souvenir que nous sommes convenus qu'on n'auroit point d'égard au nom des Auteurs, mais seulement à leurs ouvrages je luy soustiendray que Mezeray.....

LE PRESIDENT.

Ah Mezeray.....

LE CHEVALIER.

Ne voila-t'il pas que vous vous arrestés aux noms. Oüy Mezeray, particulierement dans l'abregé de son histoire, narre aussi bien que Thucidide, & peut-estre mieux, puis qu'il est plus exact aux dattes, aux noms & aux autres circonstances. Pour Tite-Live, je ne voudrois pas en dire autant : Il est vray que Mezeray se sert quelquefois d'expressions un peu triviales, mais la narration n'en est que plus claire & plus naïve, suivant l'intention qu'il en a euë en les y metant,

& il n'en arrive autre chose, sinon que le Lecteur, aprés avoir compris plus nettement ce qui est raconté, a encore le plaisir, s'il luy en prend fantaisie, de critiquer le peu de noblesse de ces expressions. Encore une fois il n'y a guere d'histoire qui se laisse lire plus aisément; & d'ailleurs qui sçait s'il n'arrivera pas dans la suite des temps, que comme nous ne remarquons plus la patavinité de Tite-Live, on ne pourra plus reconnoistre aussi le peu d'élevation de style qu'on trouve en quelques endroits de Mezeray.

LE PRESIDENT.

Faites-vous reflection sur la majesté des histoires de Thucidide & de Tite-Live quand vous osez faire de telles comparaisons.

L'ABBE'.

Cette majesté consiste particulierement en des harangues directes qu'ils auroient bien fait de supprimer pour en mettre d'obliques en leur place, & en plusieurs reflexions morales & politiques, dont ils auroient deu retrancher plus de la moitié. Trouvez-vous par exemple, que Tite-Live soit fort loüable de faire une digression de cinq ou six pages, pour prouver, que si Alexandre avoit fait la guerre aux Romains, il ne les auroit pas vaincus si aisement qu'il avoit vaincu les peuples de l'Asie ; & cela sans besoin & sans autre sujet que d'avoir dit de son chef en parlant de Papirius surnommé le Courreur, que c'estoit un Capitaine à tenir teste à Alexandre. Ainsi cette majesté pretenduë ne fait pas beaucoup d'honneur à vos historiens. Mais puisque vous parlés de majesté & d'elevation, je soustiens qu'il y en a plus dans le seul discours que nous avons sur * l'histoire universelle que dans Tite-Live & dans Thucidide. Oüy la maniere dont la suite des temps y est developpée, dont l'œ-

* M. De Meaux.

conomie admirable des revolutions, & la conduite ineffable de Dieu sur l'univers, par rapport au Christianisme & au salut des hommes y sont marquées, tout cela, dis-je, est infiniment eslevé au dessus de ce qui nous reste des Anciens en pareille matiere. Que seroit-ce si une plume de cette force avoit entrepris cette mesme histoire universelle dont parle ce discours? La mort nous a enlevé Monsieur de Cordemoy, qui à la verité n'avoit pas pris le stile oratoire & fleuri des Anciens, mais un stile pur, exact & precis, qui ne convient pas moins bien au caractere & à la dignité de l'histoire. Nous avons son fils, qui suit heureusement ses traces, & qui aparamment achevera le grand ouvrage de l'histoire de France. Je pourrois d'ailleurs opposer aux Anciens Strada Guicchardin, d'Avila, Fra-Polo, & plusieurs autres qui dans les divers talens qu'ils ont eu chacun, ne leur sont point inferieurs, & y joindre ceux d'aujourd'huy qui font revivre avec tant de succés les belles actions des plus grands Rois de nostre Monarchie. Je pourrois aussi reprocher aux Anciens historiens l'ignorance où ils estoient de la Geographie, ce qui met de l'obscurité dans la pluspart des choses qu'ils rapportent & oste le plaisir qu'il y a de sçavoir precisement où on est quand on lit quelque evenement considerable. Mais c'est assez parlé des Historiens, passons aux Philosophes. Nous avons déja remarqué, que le manque de Methode a jetté une grande obscurité dans leurs escrits, mais la maniere ambiguë & indecise, & par consequent peu eloquente, dont ils se sont expliquez y a contribué encore davantage. De là est venu, que tant d'Interpretes & de Commentateurs ont travaillé inutilement jusques à ce jour à nous en donner la veritable explication; que la famille des Platoniciens & celle des Peripateticiens se sont divisées en une infinité de sectes, la plufpart diametralement oppofées les unes aux autres. Et en effet, il n'y a homme au monde qui fe puiffe vanter de bien entendre Platon ny d'Ariftote.

LE CHEVALIER.

J'ay leu ces jours paffez un livre qui traite de l'origine des Fontaines, ce livre eft divifé en deux parties, la premiere contient ce que les Philofophes en ont penfé dans tous les temps, la feconde explique & eftablit l'opinion de l'Auteur. Dans la premiere partie il rapporte les fentimens de 22. Philofophes, dont le premier eft Platon, & le dernier Monfieur Rohault, C'eft un plaifir de voir la difference des opinions fur cette matiere, mais fur tout l'obfcurité de Platon & des autres Anciens qui font venus aprés luy, & la clarté des Philofophes Modernes qui s'augmente toûjours à mefure qu'ils approchent de nôtre temps. Quand on lit l'opinion de Platon on ne voit goute, on eſt en plein minuit, quand on vient à Ariſtote on entrevoit quelque peu de lumiere, comme ſi l'aurore commençoit à paroiſtre ; mais on ne voit rien de bien diſtinct ny de bien marqué, à meſure qu'on paſſe de Philoſophe en Philoſophe la lumiere s'augmente, & enfin quand on arrive à ceux de noſtre ſiecle, on ſe trouve en plein jour, & on voit nettement tous les objets. Peut-eſtre n'y a-t'il rien qui faſſe mieux connoiſtre la difference qu'il y a de nous aux Anciens, ſur la maniere d'expliquer ſes penſées, que cet endroit du livre de l'origine des Fontaines.

LE PRESIDENT.

La difference des Anciens Philoſophes, & des Philoſophes Modernes eſt grande aſſurement, mais nous ne convenons pas à qui elle eſt avantageuſe, & il faudroit examiner ſi cette obſcurité que vous leur reprochés vient de leur foibleſſe ou de la noſtre.

LE CHEVALIER.

Je ſuis ſeur que les plus ſçavans hommes du temps de Platon, l'entendoient auſſi peu que nous : Ils avalloient tout ce qu'il luy plaiſoit de leur dire, & le temps n'eſtoit pas encore venu où l'on crût eſtre en droit de blamer un grand Perſonnage quand on ne l'entendoit pas. Je vays vous lire l'endroit du livre de l'Origine des fontaines que je viens de voir ſur cette tablette. Voicy l'endroit. Socrate * aprés avoir parlé des ames, de leurs genies & conducteurs, & avoir fait une deſcription de la Terre qu'il diviſe en deux parties, ſçavoir une haute où les ames bien-heureuſes ſe retirent aprés le trépas; l'autre baſſe, que les hommes vivans habitent, il dit qu'il y a au deſſous de cette Terre baſſe pluſieurs concavitez qui vont en rond, les unes plus grandes & plus profon-

* De l'Origine des Fontaines premiere Partie.

des Anciens & des Modernes. 105

des, les autres moins, & qu'elles se
rencontrent, & ont leurs sorties en
différentes manieres, par lesquelles
il sort une grande quantité d'eau,
qui se verse d'une concavité en l'autre, comme feroit une tasse dans
une autre ; Qu'il y a dans la Terre
une grande quantité d'eau, soit froide, soit chaude, pour fournir aux fontaines & aux rivieres, Qu'il y a aussi
beaucoup de feu jusqu'à en former
des fleuves, qu'il y en a aussi d'eau
bourbeuse, l'une plus, l'autre moins,
& que tout cela est meû de mesme
que le seroit un vase suspendu en
equilibre, comme une balance qui
s'esleveroit & s'abaisseroit, tantost
d'un costé, tantost de l'autre alter-
nativement, & que cela est ainsi
disposé de sa nature. Qu'il y a une
grande ouverture qui traverse toute
la Terre, qui est appellée par les
Poëtes, & sur tout par Homere, le
Tartare, dans lequel tous les fleuves viennent se rendre, & d'où ils
sortent; que la cause de cet ecoule-

E v

» ment continuel eſt, que ces eaux
» n'ont ny fond ny fondement, ce
» qui les fait flotter de la ſorte en haut
» & en bas; Que l'air & le vent qui
» ſont à l'entour cauſent la meſme
» choſe, & qu'il y a de meſme qu'aux
» animaux une continuelle reſpiration
» d'air; Que celuy qui ſort ou qui en-
» tre avec l'eau excite de grands vents,
» & que ces eaux ayant coulé s'arreſ-
» tent en differens lieux, & font des
» lacs, des mers, des fleuves & des
» fontaines, d'où s'en retournant par
» divers chemins, elles ſe rendent au
» Tartare d'où elles eſtoient venuës;
» les unes plus haut, les autres plus
» bas, mais toutes plus bas que n'a
» eſté leur iſſuë. Il dit enſuite qu'il y
» a quatre principaux ecoulemens de
» toutes ces eaux du dedans de la Ter-
» re, l'un eſt l'Ocean, l'autre eſt l'A-
» cheron qui eſt à l'oppoſite, & qui
» s'ecoule par des lieux deſerts & ſoû-
» terrains dans le Palus Acheruſe où
» les ames des Morts ſe viennent ren-
» dre; le troiſiéme qui coule au mi-

lieu d'eux, est Pyriphlegeton, qui
aprés avoir coulé quelque temps
tombe dans un lieu vaste, où estant
echauffé par un grand feu, il fait
un lac ou marais d'eau & de bouë
bouïllante, plus grand que n'est la
mer. A l'opposite de ce dernier fleuve est le quatriéme qui sort avec
violence, & qui aprés avoir fait le
marais Stygien, & avoir passé par
divers chemins en rond, descend
enfin comme les autres dans le mesme Tartare, & s'appelle Cocyte, &c.
Y comprenés vous quelque chose
Mr. le President ?

L'ABBE'.

Il est à remarquer, que l'endroit
de Platon, dont ce qu'on vient de
lire, a esté extrait, est trois fois
plus long, & six fois plus obscur.

LE PRESIDENT.

L'explication de cet endroit est
difficile, parce quelle depend de la
connoissance de certaines opinions

receuës en ce temps là, & qui ne sont pas venuës jusques à nous. Il faut de plus remarquer, que Socrate à qui Platon fait dire toutes ces choses, les rapporte comme des fables, & qu'il les appelle mesme ainsi dans l'endroit que vous rapportés.

LE CHEVALIER.

Quand nous parlerons des Philosophes Anciens & Modernes, sur le fait de leur Philosophie, nous verrons si Platon est bien receu, comme Philosophe, à rapporter des fables, pour rendre raison des choses naturelles, mais nous n'en sommes pas là. Il ne s'agit presentement que d'eloquence & du don de s'expliquer intelligiblement. N'est-il pas necessaire que ce que dit un homme raisonnable fasse quelque image dans l'esprit de celuy qui l'escoute, par vostre foy pouvés-vous dire non pas que vous ayez rien compris au discours de Platon, mais que vous en ayés conservé quelque idée un peu distincte, & un peu nette.

L'ABBE'.

Il y a mille endroits dans Platon à peu prés de la mesme sorte.

LE CHEVALIER.

Je vous diray encore que la maniere dont Platon fait parler Socrate en plusieurs de ses Dialogues est plus capable de faire hair ce grand Personnage, que de le faire aimer. C'est toûjours avec un air moqueur & ironique qu'il parle aux gens, c'est avec une maligne complaisance pour leur foiblesse, & un doute affecté qui fait voir combien il est seur de son opinion, & combien il a pitié de leur egarement, je sauterois aux yeux d'un homme qui en useroit de la sorte avec moy, car cette nature d'orgüeil qui paroist en Socrate m'est tout-à-fait insupportable, j'aime bien mieux qu'un homme ne se cache point de la confiance qu'il a dans son bon sens, & dispute fortement, & mesme avec hauteur s'il a de l'ascendant sur moy, & des raisons meilleures que les miennes, que de le voir s'adoucir par compassion, & s'accommoder à ma portée par des manieres humbles en apparence, mais dans le fond pleines d'une haute idée de son merite, & d'un parfait mépris de ma foiblesse.

LE PRESIDENT.

Vous ne songez pas sans doute, que Socrate a esté declaré le plus sage des hommes par l'oracle de Delphes.

LE CHEVALIER.

Qu'elle foy voulés-vous que j'ajouste à un Oracle qui a esté rendu par le Diable ou par un Prestre qui ne valloit pas mieux. Si l'on epluchoit de bien prés les mœurs de ces sortes de sages, leurs beaux preceptes sur l'amour, leur tendresse pour les jeunes garçons, & cent autres menuës galanteries... mais ce n'est pas de quoy il s'agit presentement. En un mot, j'ay toûjours regardé Socrate & Platon, comme deux Saltimbanques qui ont monté l'un aprés l'autre sur le theatre du monde, ils disoient quelquefois des choses excellentes, mais ils retomboient toûjours dans un galimatias mysterieux & profond, qui estoit leur fort, & qui pendant un tres-long temps leur a gaigné plus d'hommes par la peine qu'il y avoit à l'expliquer, que tout ce qu'ils ont dit d'intelligible, quoy que souvent tresbeau & tres-ingenieux.

LE PRESIDENT.

Se peut-il faire Monsieur le Chevalier qu'ayant autant d'esprit que vous en avés, vous ne soyés point sensible à cette divine eloquence de Platon, qui a charmé tous les siecles, que Ciceron a admirée, & pour laquelle il a eû tant d'amour qu'il en a dit une espece d'extravagance lors qu'il assure qu'il aimeroit mieux errer avec Platon, que de dire vray avec les autres hommes.

LE CHEVALIER.

Ciceron extravaguoit assurement quand il a parlé de la sorte, & je doute qu'on puisse trouver dans les plus jeunes lettres de Balzac où on l'accuse avec raison d'avoir poussé trop loin l'hyperbole, une exageration aussi outrée que celle-là.

L'ABBE'.

Il faut avoüer, que Platon n'a pas ignoré l'art du dialogue, qu'il establit bien la scene où il se passe, qu'il choisit & conserve bien les caracteres de ses Personnages, mais il faut demeurer d'accord aussi, que pour l'ordinaire c'est avec une longueur qui desole les plus patiens, & quelquefois avec une obscurité qui desespere les plus attentifs, les plus respectueux & les plus dociles. La description exacte des lieux où ils se promenent, des mœurs & des façons de faire de ceux qu'il introduit, & le narré de cent petits incidens qui ne font rien au sujet qu'il traite, ont esté regardez jusques icy comme des merveilles & des agremens inimitables, mais ils n'ont plus aujourd'huy le mesme don de plaire : on veut en venir à la chose dont il s'agist, & tout ce qui ny sert de rien ennuye quelque beau qu'il soit en luy-mesme. Lucien s'y prend mieux selon moy, il a le mesme art & la mesme conduite, mais sans longueur, & sans obscurité, un de nos amis dont le goust & le merite ont peu de semblables, escrivant son sentiment à une Dame de qualité & de beaucoup d'esprit sur les trois dialogues de Platon traduits par Monsieur de Maucroix, aprés avoir remarqué que Platon fait dire aux Sophistes qu'il introduit cinquante ou soixante impertinences tout de suite, en parle d'une maniere tres-fine & tres-judicieuse. Les deux ou trois premieres impertinences des Sophiftes, dit-il, à cette Dame, font fur le compte des Sophiftes, pour toutes les autres elles font fur le compte de Platon. Lucien, continuë-t'il, n'en a pas ufé de la forte en pareille rencontre, aprés la premiere ou feconde impertinence il paffe à autre chofe, ayant bien fcû qu'un Auteur n'eft pas feulement refponfable des fottifes qu'il dit de fon chef, mais de celles qu'il fait dire aux autres quand elles ne font plus d'autre effet que d'ennuyer & de deplaire.

LE CHEVALIER.

C'eft fans doute du Dialogue intitulé le grand Hyppias ou du Beau, que parloit noftre amy. C'eft bien la plus fatigante lecture qu'on puiffe faire. Non feulement les Sophiftes y difent des fottifes fans nombre, mais, ce qui defole encore davantage, ce Dialogue ne conclut rien. Quand je le lûs je fis tant que je pris en patience les froids & ridicules raisonnemens des Sophistes, dans l'esperance que sur la fin, le grand Socrate qui se rejoüit à son ordinaire avec sa chere Ironie me diroit ce que c'est que le Beau. La joye que je me faisois d'aller apprendre ce qu'il faut croire sur une chose si difficile à definir me soustenoit toûjours, mais j'avouë que quand je ne trouvay rien au bout du Dialogue, je jettay le livre à terre de pur depit, & que je n'ay pû encore pardonner au divin Platon l'impertinente baye qu'il ma donnée.

LE PRESIDENT.

Platon n'avoit pas dessein d'expliquer dans son Dialogue ce que c'est que le Beau, mais seulement de faire voir, que les Sophistes ne le sçavoient pas.

LE CHEVALIER.

Il ne falloit donc pas intituler son Dialogue le grand Hyppias ou du

Beau. Car il ne suffit point quand on traite une matiere de dire ce qu'elle n'est pas, on est obligé de dire ce qu'elle est, les Dialogues de Mondor, & de Tabarin tout impertinens qu'ils estoient avoient de ce costé là plus de raison & plus d'entente, ils commençoient ordinairement par une question curieuse que faisoit Tabarin; Mondor disoit mille choses sçavantes & pleines d'erudition sur la question proposée, & en donnoit la solution en homme grave & comme un Philosophe, qui a penetré dans les secrets de la Nature. Aprés quoy Tabarin donnoit la sienne à sa maniere, & faisoit rire par l'opposition de son ridicule au serieux du discours scientifique de son maistre. Un jour par exemple, il demanda lequel des animaux voloit le mieux, Mondor fist une longue dissertation sur le vol des oiseaux, & sur la construction admirable de leurs aisles & de leurs plumes, & conclut que le Gerfaut estoit de tous les oiseaux celuy qui voloit le mieux. Vous estes un ignorant mon maistre, reprit Tabarin, c'est un Greffier. Il n'a à la verité qu'une plume sur l'oreille, mais avec cette plume là il vole mieux que tous les oiseaux que vous venés de nous nommer. Cela est fade, cela est froid, cela est detestable si vous voulés, mais cela a un dessein & une forme. On y voit un commencement, un milieu & une fin. Une proposition, une dissertation & une conclusion, mais dans le Dialogue de Platon dont nous parlons, il n'y a aucune conclusion, qui est pourtant la partie essentielle d'un discours pour laquelle il est fait, & sans laquelle il n'est qu'un projet informe.

LE PRESIDENT.

Enfin Platon a le malheur de vous deplaire. Il est cruel qu'après avoir esté l'admiration & les delices de tous les grands hommes qui ont jamais esté, il vienne eschouër miserablement contre le goust delicat de nos Dames & de nos Cavaliers.

LE CHEVALIER.

Il est vray que les Dames, comme je vous l'ay dit ce matin, ont esté mal satisfaites des trois Dialogues de Platon qui ont paru depuis peu, quoy que se soit principalement pour l'amour d'elles que l'on s'est donné la peine de les traduire.

LE PRESIDENT.

Le goust des Dames de ce temps-cy est bien different de celuy des Dames d'Athenes, qui au rapport de Diogene Laerce & d'Apulée furent tellement charmées de la lecture des ouvrages de Platon, qu'elles se mirent à estudier sa Philosophie, & qu'il y en eut mesme une qui se deguisa en homme pour pouvoir l'écouter avec ses disciples.

L'ABBE'.

Vous sçavez quel jugement on fit de ces Dames, & qu'on ne douta point qu'elles n'eussent trouvé quelque chose dans Platon qui les charmoit davantage que sa Philosophie.

LE PRESIDENT.

Je sçay bien ce qu'Athenée fait dire à Aristippe, & à Anthistene là dessus, mais on sçait aussi de quelle sorte regnoit alors la medisance dans Athenes, & combien cette Ville estoit corrompuë.

LE CHEVALIER.

La corruption d'Athenes n'est pas une bonne chose à alleguer, pour lever de semblables soupçons, & pour faire presumer que ces Dames eussent plus d'inclination pour les sciences que pour la galanterie. Quoy qu'il en soit, vous ne devez pas estre fâché que Platon ne plaise pas à nostre siecle, puisque selon l'opinion de quelques sçavans, il a le goust gasté, & qu'il est tout plein de travers. C'est le comble de la gloire de Platon de n'estre pas estimé de nostre siecle aprés avoir esté admiré de tous les autres.

LE PRESIDENT.

Voila qui est le mieux du monde, mais vous faites cas des Dialogues de Lucien, je voudrois bien sçavoir si ceux de Ciceron ont trouvé grace devant vos yeux.

LE CHEVALIER.

Je n'ay rien à dire contre ceux de Ciceron, je ne les ay pas lûs.

L'ABBE'.

Monsieur le Chevalier les trouveroit tres-beaux, quoy qu'ils soient un peu longs & estendus, & qu'il ne faille pas s'impatienter quand on les lit.

LE CHEVALIER.

Ce n'est donc pas mon fait, car la longueur & le grand circuit de paroles me font mourir. La description du Valet de Chambre de Verville qui estoit un grand garçon bien fait, beau parleur, & qui portoit le linge de son maistre, comme l'asseure le Roman Comique, a achevé de me broüiller avec les grands parleurs qui me déplaisent encore plus qu'ils n'ont envie de plaire.

L'ABBE'.

Il est vray, que l'envie que Ciceron paroist avoir de s'insinuer agreablement par le bel arrangement de ses paroles, fait quelquefois qu'il en vient moins à bout à l'égard de bien des gens, cependant son Dialogue de l'Orateur est une fort belle chose.

LE PRESIDENT.

Voila donc Lucien & Ciceron, que vous reconnoissés pour d'habiles gens en fait de Dialogues, quels hommes de ce siecle leur opposez-vous ?

L'ABBE'.

Je pourrois leur opposer bien des Auteurs qui excellent aujourd'huy dans ce genre d'escrire, mais je me contenteray d'en faire paroistre un seul sur les rangs, c'est l'Illustre Monsieur Paschal, avec ses dix-huit lettres Provinciales. D'un million d'hommes qui les ont luës ont peut assurer qu'il n'y en a pas un qu'elles ayent ennuyé un seul moment.

LE CHEVALIER.

Je les ay luës plus de dix fois, & malgré mon impatience naturelle les plus longues ont toûjours esté celles qui m'ont plû davantage.

L'ABBE'.

Tout y est, pureté dans le langage, noblesse dans les pensées, solidité dans les raisonnemens, finesse dans les railleries, & par tout un agrément que l'on ne trouve guere ailleurs.

LE PRESIDENT.

J'avoüe que ces lettres font enjoüées & divertiſſantes, mais voudriés-vous faire entrer en comparaiſon dix huits petits papiers volans avec les Dialogues de Platon, de Lucien & de Ciceron, qui font pluſieurs gros volumes.

L'ABBE'.

Le nombre & la groſſeur des volumes n'y faïtrien. S'il y a plus de ſel dans ces dix-huit lettres que dans tous les Dialogues de Platon ; plus de fine & de delicate raillerie que dans ceux de Lucien, mais une raillerie toûjours pure & honneſte ; S'il y a plus de force & plus d'art dans les raiſonnemens, que dans ceux de Ciceron : enfin ſi l'art du Dialogue s'y trouve tout entier, la petiteſſe de leur volume ne doitelle pas pluſtoſt leur eſtre un ſujet de loüange, que de reproche? Disons la verité. Nous n'avons rien de plus beau dans ce genre d'écrire. Avez vous vû la traduction Latine qu'on en a faite?

LE PRESIDENT.

Je l'ai veuë & l'ai trouvée tres-belle.

LE CHEVALIER.

Vous a-t'elle plû autant que l'original?

LE PRESIDENT.

Tout autant.

LE CHEVALIER:

J'en suis bien aise. Vous trouvez que les Dialogues de Lucien lûs dans le Grec sont d'un sel admirable, mais qu'ils sont fades & languissans dans la traduction d'Ablancour, & à l'égard des lettres Provinciales, vous dites que les Latines & les Françoises vous divertisent également, demeurez d'accord que je vous ay pris en flagrant delit sur le fait de la prevention.

LE PRESIDENT.

Quoy qu'il en soit, ce n'est pas icy le principal de nostre contestation, venons à la grande Eloquence, & faites-nous voir des Modernes qui l'emportent sur les Anciens dans le beau genre du bien dire.

L'ABBE'.

Avant que d'en venir à la grande Eloquence des Orateurs qu'il faut reserver pour la derniere, disons encore quelque chose des Eloquences subalternes, comme de ceux qui ont escrit des histoires fabuleuses à peu prés comme nos Romans & nos nouvelles, qui ont fait des Allegories, qui ont escrit des lettres, soit sçavantes, soit agreables, car je soustiens que dans ces genres d'escrire les Modernes ont mieux reüssi que les Anciens.

LE PRESIDENT.

Les seuls fragmens qui nous restent des fables Milesiennes vallent mieux que tous nos Romans & toutes nos nouvelles qui ne font qu'un amas de folles avantures noyées dans un deluge de parolles.

L'ABBE'.

Ces fables Milesiennes font si pueriles, que c'est leur faire assés d'honneur que de leur opposer nos contes de Peau d'asne & de ma Mere l'oye, ou si pleines de saletez comme l'asne d'or de Lucien ou d'Apulée, les amours de Clitiphon & de Leucippe, & plusieurs autres qu'elles ne meritent pas qu'on y fasse attention. Il y a l'histoire Ethiopique des amours de Theagene, & de Chariclée, qui peut entrer en quelque concurrence avec les ouvrages d'aujourd'huy de la mesme nature ; mais je crains que ce Roman ne soit pas assés ancien pour estre bon, ou du moins pour avoir un degré suffisant d'excellence.

LE PRESIDENT.

Il est vray qu'il n'est plus dans le bon goust des Anciens.

L'ABBE'.

Desorte qu'il faut que vous vous rabattiés sur Petrone.

LE PRESIDENT.

Petrone n'est pas le seul que je puisse vous opposer, mais il suffira, quoy que nous n'en ayons que des fragmens, pour terrasser tous les Modernes.

L'ABBE'.

Nous avons parmy nous un Auteur de mesme nature qui narre avec autant de netteté & avec plus de politesse que cet arbitre des Elegances, mais comme son livre ne merite pas moins d'estre supprimé pour ses medisances, que celuy de Petrone pour ses obscenités, ne parlons ny de l'un ny de l'autre, songés seulement à me monſtrer quelque ouvrage dans toute l'antiquité qui reſſemble à nos Aſtrées, à nos Clelies, à nos Cyrus, & à nos Cleopatres.

LE PRESIDENT.

Il eſt vray, que je ne vous monſtreray rien de ſemblable dans toute la belle & ſage Antiquité, car elle n'avoit garde de s'amuſer à compoſer, ny moins encore à lire de telles bagatelles.

L'ABBE'.

Croyés-vous que l'Iliade, & l'Odiſſée ſoient des ouvrages plus ſerieux, ny qu'un homme ſage puiſſe les prendre pour autre choſe que pour des Romans en Vers; ils ne ſont comme les Romans en Proſe que je viens de nommer qu'un tiſſu agreable d'avantures de Heros, moitié vrayes & moitié fabuleuſes compoſées pour plaire & pour inſtruire tout enſemble. Un des plus grands hommes de noſtre temps, & de la plus profonde litterature qu'il y ait eu depuis pluſieurs ſiecles ayant toûjours regardé nos Romans du meſme œil dont vous les regardés, ou plutoſt n'ayant jamais daigné jetter les yeux deſſus, fut preſſé par un de ſes amis qui n'en avoit pas la meſme opinion, d'en lire quelque choſe par curioſité. Le plaiſir qu'il y prit les luy fit lire preſque tous, & quoy qu'il eſtimaſt Homere juſques à l'avoir appris par cœur dans ſa jeuneſſe, il avoüa que non ſeulement il y avoit plus d'invention & plus d'eſprit dans nos Romans, que dans ceux d'Homere, mais que les mœurs & les bienſeances y eſtoient beaucoup mieux obſervées.

LE PRESIDENT.

Une telle extravagance peut-elle avoir eſté dite par un homme de lettres.

L'ABBE'.

Le fait eſt veritable, & ſi jamais nous diſcourons de la Poëſie, & par conſequent d'Homere, peut-eſtre vous feray-je convenir, que l'excellent homme dont nous parlons n'avoit pas tout le tort que vous vous imaginés.

LE PRESIDENT.

Quand vous avés rejetté Petronne pour ſes obſcenités, ç'a eſté apparamment à cauſe du peril qu'il y a que les mœurs des jeunes gens n'en ſoient corrompuës, penſés-vous que la lecture de vos Romans tout honneſtes qu'ils ſont ſoit beaucoup moins dangereuſe pour la Jeuneſſe.

L'ABBE'.

J'avouë que les jeunes gens pourroient lire quelque choſe de plus utile, & que la grande honneſteté qui regne dans les Romans n'eſt bonne qu'à inspirer l'amour, & à le faire aimer davantage ; mais la maniere dont les Anciens ont traité cette passion dans leurs ouvrages sans en excepter mesme Virgile, qui est pourtant appellé vierge pour sa grande pudeur, est mille fois plus dangereuse, & tous nos Romans n'ont rien de si mauvais exemple que le sejour d'Enée & de Didon dans la caverne où la pluye les força de se retirer. Avec tout cela je ne m'esloigne pas trop de blasmer nostre siecle de l'excez de tendresse qui regne dans ces sortes d'ouvrages, & qui a si estrangement defiguré tous les heros.

LE CHEVALIER.

Ce reproche ne regarde pas moins les pieces de Theatre où l'on prendroit les Cyrus, les Alexandres, & les Mitridates pour des Celadons & des Sylvandres, s'ils n'avoient pas une espée au costé.

Quand on a dit, que les Auteurs de ces Comedies avoient mis tous les heros de l'antiquité a la *sauſſe douce*, il me ſemble qu'on ne pouvoit mieux dire.

L'ABBE'.

Cela eſt vray, mais comme il ne s'agit preſentement que d'Eloquence, je ſouſtiens que nos Romans l'emportent de ce coſté-là ſur l'Iliade & ſur l'Odiſſée, qui ne ſont comme je l'ay déja dit, que des Romans en vers : La narration en eſt plus claire & plus intelligible, & quoy qu'elle ſoit ordinairement un peu trop longue & trop diffuſe, elle l'eſt beaucoup moins que celle d'Homere pleine de digreſſions, d'epithetes inutiles & de repetitions mot à mot de pluſieurs diſcours qui ont ennuyé dés la premiere fois.

LE CHEVALIER.

Une des plus grandes differences que j'y trouve, c'eſt que la lecture de l'Iliade & de l'Odiſſée eſt regardée comme un travail, & que la lecture de nos Romans ſe met au nombre des divertiſſemens & des plaiſirs. Je me ſouviens qu'un de mes camarades de College qui entendoit parfaitement le grec fut foüetté le matin pour n'avoir pas eſtudié ſon Homere, & fut foüetté l'apreſdinée pour avoir eſté ſurpris liſant un tome de Clelie, cela marque, que ces deux livres ne vont pas tous deux eſgalement à leur fin qui eſt de plaire & de divertir.

LE PRESIDENT.

C'eſt que ce jeune garçon aimoit mieux lire des folies d'amour, que les ſentences graves & ſerieuſes dont Homere eſt remply.

Paralelle

L'ABBE'.

Ce qui se passe entre Ulisse, & Calipso, les consolations qu'il reçoit de cette Nymphe toutes les nuits sur l'absence de sa chere Penelope, ne doivent pas avoir moins d'agrément pour un jeune homme, que les plaintes douloureuses de Cyrus & d'Oroondate sur l'absence de leurs maistresses, mais nous avons des Romans qui plaisent par d'autres endroits, & ausquels l'Antiquité n'a rien de la mesme nature qu'elle puisse opposer, c'est le don Guichot & le Roman Comique, & toutes les nouvelles des excellens Auteurs de ces deux livres, il y a dans ces ouvrages un sel plus fin & plus piquant que tout celuy d'Athenes. Il s'y trouve une image admirable des mœurs, & un certain ridicule ingenieux qui fait à tous momens la chose du monde la plus difficile, qui est de faire rire un honneste homme du fond du cœur & malgré qu'il en ait; non seulement l'Imagination en est remplie d'idées agreables; mais la Raison mesme y est frappée par des contretemps si impreveus, si bizarres & si sensez tout ensemble, qu'il n'y a point de gravité qui puisse tenir contre. Où a-t'on jamais veu une narration aussi vive & aussi pleine que celle du Roman Comique, il n'y a point de parole inutile, point d'expression qui ne forme une image agreable, & les choses qui y sont decrites donnent mille fois plus de plaisir à lire qu'elles n'en donneroient à les voir effectivement.

LE CHEVALIER.

Il est vray, que quelque plaisant qu'il eust esté de voir Ragotin lors qu'il se met à cheval sur sa Carabine, & que cette Carabine vient à tirer, il y a tout un autre plaisir à lire cette avanture.

LE PRESIDENT.

Cela peut estre, & ce n'est pas un grand reproche à faire aux Anciens de ne s'estre pas appliqués à des compositions aussi inutiles & aussi frivoles.

L'ABBE'.

Un ouvrage qui divertit innocemment, ne peut pas estre regardé comme entierement inutile dans la necessité qu'il y a de se divertir quelquefois, ce n'est pas le moindre present qu'on puisse faire au public qu'un livre de cette nature. On y voit une representation naive de la vie ordinaire de la pluspart des hommes, & une infinité de certaines impertinences qu'on fait tous les jours sans s'en appercevoir, dont ce livre & ceux qui luy ressemblent sont le meilleur de tous les correctifs.

LE CHEVALIER.

C'est peut-estre de ces sortes de fautes dont on a le plus besoin d'estre corrigé, parce qu'on y tombe plus souvent que dans les grands crimes : & c'est à ce sujet que Monseigneur de la Case a dit si agreablement qu'il aimeroit mieux une recette contre la morsure des puces & des cousins, que contre la morsure des lions & des tygres.

LE PRESIDENT.

Dans les livres dont vous parlez la morale est bien estouffée sous la plaisanterie.

L'ABBE'.

La plaisanterie de ces livres fine & spirituelle, comme elle est, bien loin d'estouffer la morale luy donne une pointe qui la fait penetrer dans le cœur plus avant que ne feroit la gravité serieuse des plus belles sentences.

LE PRESIDENT.

Pour voir quelque chose qui divertisse & qui instruise tout ensemble, il faut lire le tableau de Cebes où toute la vie humaine est representée sous des images tres-ingenieuses & tres-spirituelles.

LE CHEVALIER.

Je ne scay pas si c'est ma faute; mais il me semble que le dessein de ce tableau n'est guere fin ny guere spirituel, c'est d'un costé la Vertu qui mene les hommes à la gloire & à la felicité par des routes rudes & difficiles, & de l'autre costé les Passions qui les conduisent à toutes sortes de malheurs par des chemins qui leur paroissent agreables, tout cela est si commun qu'il y a de quoy faire bâiller les plus novices en matiere de morale, cette Allegorie m'a aussi paru horriblement longue, & la longueur est à mon gré le plus grand deffaut que puiſſe avoir une allegorie.

L'ABBE'.

On ne peut pas dire que l'Allegorie du Tableau de Cebes ſoit trop longue en elle-meſme, puis qu'elle n'eſt pas d'une heure de lecture, mais il eſt vray, que comme la matiere en eſt fort ſerieuſe & nullement divertiſſante, on croit y trouver une longueur qu'elle n'a pas. Il eſt encore vray, que la trop grande longueur eſt le plus grand vice de cette nature d'ouvrages. La raiſon que j'en trouve, c'eſt que l'allegorie eſt une eſpece de maſcarade où le vray ſens de ce qu'on veut dire eſt couvert & comme maſqué ſous le ſens propre du diſcours : or comme rien n'eſt plus agreable pendant un quart d'heure, que la viſite d'une troupe d'amis habillés en maſque, & que rien ne ſeroit plus ennuyeux, que ſi ces amis vouloient paſſer toute la ſoirée ſans ſe demaſquer, & meſme continuer la plaifanterie jufqu'au lendemain, & pendant deux ou trois jours, il en eft de mefme de l'Allegorie qui devient auffi deplaifante quand elle dure beaucoup, qu'elle eft agreable quand elle ne dure guere.

LE CHEVALIER.

La comparaifon me plaift : car je comprens bien quel ennuy ce me feroit de voir des Trivelins des Scaramouches des Amazones & des Bohemiennes qui s'obftineroient à vouloir ne fe point demafquer & à me parler de leur ton de fauffet pendant deux ou trois jours.

L'ABBE'.

Ceux de noftre temps, qui ont fceu que ce genre d'efcrire n'eftoit qu'un jeu d'efprit ne s'en font fervis qu'en des matieres agreables, & ny ont auffi employé que peu de difcours. La carte du tendre, l'isle d'amour, le louïs d'or, le miroir d'Orante & quelques autres pieces de cette nature sont des allegories, qui par leur maniere enjoüée & leur agreable brieveté ont atteint à la veritable idée de leur caractere.

LE PRESIDENT.

Il faut bien aimer la bagatelle pour faire comparaison de tous ces escrits frivoles, avec la morale solide du tableau de Cebes.

L'ABBE'.

Quand on veut parler de morale solide, il faut en parler solidement, serieusement & sans allegorie, à moins que l'allegorie ne soit tres-courte, comme celle de la Vertu & de la Volupté, qui tour à tour invitent Hercule à prendre le chemin qu'ils luy monstrent, car c'est un petit tableau qu'on voit aisément d'un seul coup d'œil. Si l'allegorie n'est autre chose, qu'une metaphore continuée & un pur jeu d'esprit, ne doit-elle pas estre courte & divertissante?

LE PRESIDENT.

Si vous aimés les jeux & les plaisanteries lisés l'Apotheose de l'Empereur Clodius, c'est là où l'esprit trouve son compte, & voit avec plaisir sous un voile agreable mille traits de l'histoire de ce Prince, & une fine satyre des mœurs de son siecle.

L'ABBE'.

La pompe funebre de Voiture, où l'Auteur se joüe sans faire mal à personne, est bien d'une autre force, & d'une varieté bien plus ingenieuse.

LE PRESIDENT.

Tout ce que nous avons dit jusques icy ne decide rien, il s'agit de la grande Eloquence, & je voy bien par les destours que vous prenés, que vous apprehendés d'en venir au point de la question.

L'ABBE'.

Je n'apprehende rien, venons à Demosthene & à Ciceron.

LE CHEVALIER.

Vous estes convenus tantost l'un & l'autre, qu'avant d'en venir là, vous parleriés de ceux qui ont escrit des lettres. Vous tiendrés vostre parolle s'il vous plaist, je veux sçavoir ce que je dois penser de mon cher & bien-aimé Voiture, & si je me trompe quand je prefere ses lettres à celles de Seneque, de Pline & de Ciceron mesme.

LE PRESIDENT.

Sans mentir, car c'est le mot favori de Voiture *ma Comere la Carpe & mon Compere le Brochet* font de tres-belles choses, & rien au monde n'est plus spirituel que ce chat de l'Abbesse qu'elle ne veut pas laisser aller au fromage.

LE CHEVALIER.

Vous n'estes pas encore si malin que ceux qui louënt serieusement Voiture là dessus, comme de la plus belle chose qu'il ait faite ; car quoy que les plaisanteries dont vous parlés soient tres-ingenieuses & tres-agreables dans les endroits où elles sont placées, ce n'a esté que pour estouffer par là ce qu'il y a de plus excellent dans les ouvrages de cet Auteur qu'on a pris à tasche de loüer avec excés ces bagatelles.

L'ABBE'.

Je ne sçay si vous avés leu ce que Costart a escrit contre la malignité de ces loüanges. Aprés en avoir monstré l'artifice, il ramasse ce qu'il y a de plus grand, de plus fort, de plus noble & de plus pathetique dans tout le livre, & en fait un tissu où brille ce me semble
autant

des Anciens & des Modernes. 145
autant d'Eloquence qu'en quelque autre ouvrage que ce puisse estre. Quoy que j'eusse leu plusieurs fois toutes ces belles choses dans les endroits où elles sont, j'en fus aussi esbloüi en les voyant ensemble, que si l'on avoit répandu tout à coup devant moy toutes les pierreries de la Couronne.

LE PRESIDENT.

Je demeure d'accord qu'il y a quelque brillant dans Voiture.

L'ABBE'.

Il y en a assurement & du vray brillant qui ne vient point des Anthiteses & du jeu des parolles, mais qui sort naturellement du sein de sa matiere. Il n'y a rien de faux dans ce qu'il pense, il raisonne toûjours consequemment, & tout y est fondé jusques aux moindres bagatelles. Si quelquefois il se joüe ou d'un Proverbe ou d'une Allusion, il ne donne ces choses là que

II. Partie. G

pour ce qu'elles font, mais son induſtrie eſt telle que de baſſes & de trivialles qu'elles ſont, elles deviennent nobles & pretieuſes en paſſant par ſes mains.

LE PRESIDENT.

Je ne ſçaurois luy pardonner qu'aprés s'eſtre formé ſur les Lettres de Pline le jeune, il en ait ſi mal parlé dans les ſiennes.

L'ABBE'.

Voiture ne s'eſt formé ſur perſonne, c'eſt un original s'il y en eut jamais. Combien y a-t-il de choſes dans ce qu'il a fait qui n'ont point de modelle ailleurs, & qu'il a neanmoins portées d'abord à leur derniere perfection, quel bruit n'ont pas fait ſes ouvrages quand ils ont paru en corps dans le monde, & avec quelle evidence, tant de gens qui ont taſché de l'imiter ont-il fait voir qu'il eſtoit inimitable. J'avoüe que les Lettres de Pline ſont

des Anciens & des Modernes. 147
excellentes, & qu'il y a peu de chose dans toute l'antiquité qui frappe plus vivement, mais il y a trop d'affectation en bien des endroits, la grande envie qu'il a de bien dire revolte le lecteur, & je suis seur qu'on preferera toûjours à son style trop soustenu l'air naturel & aisé de Voiture, qui plaist par tout sans qu'il paroisse qu'il y songe.

LE CHEVALIER.

J'avois entrepris de lire toutes les lettres de Seneque; mais je n'ay pû en venir à bout, il me sembloit que je lisois toûjours la mesme lettre, & que je ne bougeois d'une place, ce ne sont que de grandes maximes de morale, des eloges continuels de l'idée du Sage, la marote des Stoïciens, j'ay creu que le reste seroit de mesme, & j'ay tout laissé là.

LE PRESIDENT.

La matiere n'est pas des plus

rejoüissantes, & je ne m'estonne pas qu'un Cavalier se soit ennuyé de cette lecture.

L'ABBE'.

Le style est un peu trop brillant par tout, & par là il ne fatigue pas moins que par la trop grande uniformité des matieres qu'il traite, ce n'est pas que Seneque ne soit assurement un des plus beaux & des plus grands Esprits qui ait jamais esté, mais il est trop fleury, trop couppé, & couppé en de trop petits morceaux.

LE CHEVALIER.

Est-ce que vous estes fort charmez de Épitres Familieres de Ciceron. *Si vous vous portés bien, je me porte bien, ayés soin de vostre santé, portez-vous bien.* Voilà une bonne partie de ses lettres, je croy que ce grand homme seroit bien estonné s'il voyoit qu'on fait apprendre cela par cœur à tous les Enfans, & qu'on les foüette quand ils y manquent.

L'ABBE'.

Rien n'eſt meilleur aux Enfans que ces lettres pour leur apprendre le bon Latin, & c'eſt un effet de la Providence qu'on les ait gardées. Il y en a parmi celles-là quelques-unes d'une tres-grande beauté quoi quelles n'ayent pas eſté faites non plus que celles dont vous parlés pour venir juſques à nous. L'Eloquence qui eſtoit naturelle à Ciceron s'y répand ſi agreablement & ſi judicieuſement à proportion de l'importance des matieres qu'il traite, ſans s'eſlever jamais au de là du genre epiſtolaire, qu'elles peuvent ſervir de modelle à tous ceux qui eſcrivent des lettres, il eſt vray, que ces modelles ne ſont pas difficiles à imiter, & qu'il y a aujourd'huy une infinité de perſonnes, qui ſur les affaires qui les regardent eſcrivent d'auſſi bon ſens & auſſi elegamment que faiſoit Ciceron en parlant des siennes, & qui s'expriment en aussi bon François qu'il s'exprimoit en bon Latin.

LE PRESIDENT.

Cela est bien aisé à dire.

L'ABBE'.

Cela n'est pas moins aisé à prouver, le talent de parler juste sur les choses communes, & du commerce de la vie civile, & d'en écrire avec netteté & avec pureté de langage n'est plus un talent extraordinaire, ny qui distingue beaucoup parmy les honnestes gens un homme d'avec un autre. Cependant ce n'est que ce seul talent là qui esclate dans les Epitres Familieres de Ciceron, & cela est si vray, que je vous en ferai voir quelques-unes de ses meilleures qui sont asseurement moins eloquentes que les reponses qu'on lui a faites.

LE PRESIDENT.

Je seray bien aise de voir ce que

vous dites, cependant on ne sçauroit mieux faire l'Eloge des Epistres de Ciceron : car bien loin qu'on doive reprendre ce grand homme, de ne s'estre pas elevé dans ce genre d'escrire, c'est de quoy on ne peut luy donner trop de loüanges, car avoir pû se retenir quand il l'a fallu ne marque pas moins de force, que d'avoir sçû prendre l'essort, comme il a fait dans les grandes occasions qui le demandoient; rien n'est plus hors de propos que de se donner de grands mouvemens dans une lettre, dont la nature est d'estre simple, naive, & naturelle.

L'ABBE'.

J'avouë que les lettres de Ciceron sont tres-conformes à l'idée generalle d'une lettre ordinaire, & qu'on n'est point en droit de les blasmer, mais je ne croy point qu'il soit deffendu de s'eslever quand la matiere le demande ou le permet. Un Prince aura remporté une victoire ou aura fait quelque autre action heroique, où eſt l'inconvenient qu'un homme Eloquent & qui eſt en reputation de l'eſtre loué dans une lettre cette victoire ou cette action, avec des paroles plus grandes & plus ſouſtenuës que celles de la converſation, & qu'il faſſe dans ſa lettre une eſpece de Panegyrique. Une Princeſſe aura perdu ſon mary ou un de ſes enfans qu'elle aimoit tendrement, un homme Eloquent à qui il ſiera bien de s'intereſſer dans cette perte, ſera-t-il blaſmable s'il employe dans une lettre de Conſolation ce que l'Eloquence a de plus beau & de plus propre pour conſoler, & comme rien ne plaiſt tant à ceux qui ſont touchez de quelque perte, que d'en entendre parler eloquemment, une lettre ſur ce ſujet peut-elle eſtre blaſmée pour eſtre longue & pathetique. Il eſt vray, que fort ſouvent le meilleur eſt de s'en tenir aux complimens accouſtumés, & au ſimple témoignage de la part que l'on prend ou à l'affliction ou à la joye dont il s'agit.

LE CHEVALIER.

Un de mes amis avoit toûjours cinq ou six lettres de ce style toutes prestes à cacheter, & où il ne restoit qu'à remplir le mot de *joye* ou d'*affliction*, encore le plus souvent ne le remplissoit-il point, disant qu'il valoit mieux en laisser le soin à ceux à qui il écrivoit qui sçavoient mieux que luy lequel des deux il y falloit mettre.

L'ABBE'.

Je trouve encore une fois fort bon qu'on s'en tienne en pareilles rencontres aux formules receuës, parce qu'alors celuy qui reçoit les lettres regarde bien moins à ce qu'elles contiennent qu'au soin & à la peine qu'on s'est donnée de les escrire, mais cela n'empesche pas que ceux qui ont le don de bien escrire ne faſſent des lettres fort eloquentes quand ils en trouvent l'occaſion. Quelqu'un s'eſt-il plaint de celle que Voiture a eſcrite ſur la repriſe de Corbie, où il a fait l'Eloge du Cardinal de Richelieu, ſi Mr. le Preſident veut choiſir la plus belle des lettres de Ciceron, nous la comparerons à la lettre dont je parle. Combien Balzac en a-t-il fait qui ont eſté les delices de ſon temps, & qui ſont encore tres-agreables malgré la mode qui s'eſt introduite depuis quelque temps de ne les pas eſtimer. J'avouë que celles qu'il a eſcrites dans ſa jeuneſſe demanderoient d'eſtre un peu corrigées, mais avec tout cela, il n'y en a pas une où il n'y ait beaucoup d'eſprit, & une certaine nobleſſe d'expreſſion qui luy eſt particuliere. On en dira ce qu'on voudra, mais on luy eſt redevable du beau ſon & de l'harmonie de noſtre Proſe qui ne plaiſt gueres moins à l'oreille que celle de nos Vers : c'eſt luy qui a donné la meſure aux periodes, & ce nombre majestueux qui en fait la plus grande beauté.

LE CHEVALIER.

Il a taillé en mesme temps bien de la besogne à ceux qui se meslent d'escrire qui n'ont pas moins de peine presentement a arondir une periode que les Poëtes à bien tourner un Vers.

L'ABBE'.

Il ne faut point luy en sçavoir mauvais gré, n'est-il pas plus raisonnable qu'un seul homme ait de la peine à composer, mais qu'il donne bien du plaisir à beaucoup d'autres, que si cet homme composoit facilement, & qu'il ennuyast ceux qui le lisent.

LE PRESIDENT.

L'hyperbole est sans doute vostre figure favorite, puisque Balzac est si fort selon vostre goust.

L'ABBE'.

Il est vray, que Balzac a un peu abusé de cette figure dans sa jeunesse, mais il s'en est fort corrigé dans ses derniers ouvrages, & ç'a esté toûjours d'un air si noble & si vif qu'il s'en est servy qu'on ne s'en offense guere, que parce qu'on veut s'en offenser, & qu'aprés avoir eu le plaisir d'entendre quelque chose de bien dit, & qui a flatté l'imagination, on est bien aise encore d'y trouver à redire, & de monstrer la delicatesse de son goust.

LE CHEVALIER.

Je suis seur qu'il n'y a point d'hyperbole dans Balzac plus estrange que celle de Ciceron, dont nous venons de parler, quand il dit qu'il aimeroit mieux errer avec Platon, que de bien penser avec tous les autres Philosophes; c'est ordinairement en des choses plaisantes, que Balzac outre l'hyperbole, comme quand il dit qu'on avoit répandu tant d'eau de senteur dans sa chambre, qu'il falloit se sauver à la nage. Cette sorte d'excés dans l'expression est pardonnable à un homme qui parle de l'excez de ses plaisirs, & qui n'a aucune intention qu'on le croye, mais je ne sçay par où l'on peut excuser Ciceron d'user d'une hyperbole si excessive dans une matiere aussi grave que l'amour de la verité.

LE PRESIDENT.

Il faut supposer, que Ciceron a sous-entendu ces paroles, si cela se peut dire.

LE CHEVALIER.

Balzac & tous ceux qui font des hyperboles les ont aussi sous-entenduës, & avec ce temperamment il n'y a point d'hyperbole qu'on ne fasse passer.

LE PRESIDENT.

Quand je ferois grace à Balzac sur l'usage immoderé de cette figure cela ne l'avanceroit de guere, & la distance qu'il y auroit de luy à Ciceron seroit encore bien grande.

L'ABBE'.

Pas tant que vous croyés, non seulement en fait de lettres; mais en ce qui regarde la plus grande Eloquence, & j'espere vous le faire voir en conferant ensemble les plus beaux endroits de ces deux Auteurs.

LE PRESIDENT.

Cela sera fort curieux, mais avant que d'examiner Ciceron sur la grande Eloquence, parlons de Demosthene pour suivre au moins l'ordre des temps.

L'ABBE'.

Je le veux bien. La quatriéme

des Anciens & des Modernes. 159
Philippique a toûjours esté regardée comme le chef-d'œuvre de Demosthene, en voicy une traduction tres-fidelle & tres-exacte, lisons-là & voyons par nous-mesmes ce qui nous en semble. *Messieurs comme en cette assemblée* . . . . .

LE PRESIDENT.

Appellés-vous cela une traduction fidelle. Il n'y a point *Messieurs*, il y a. *Hommes Athéniens*, qui ne voit combien cette derniere expression est plus belle & plus noble que l'autre.

L'ABBE'.

Ne disputons point là dessus, « Hommes Atheniens, comme en « cette assemblée, il s'agit de cho- « ses de consequence, & qui impor- « tent au bien public, je tascheray « aussi de ne rien dire qui ne soit uti- « le à la Republique ; mais quoy que « depuis long-temps vous ayés com- « mis plusieurs fautes, toutefois la «

„ plus considerable est le peu d'ap-
„ plication que vous avés pour les
„ affaires. A la verité, tandis que
„ vous estes au Conseil, & qu'on
„ vous dit des nouvelles vous témoi-
„ gnés quelque attention ; cela fait,
„ vous ny pensés plus, & mesme
„ vous n'en conservés pas la me-
„ moire. L'insolence & l'ambition
„ de Philippe sont telles qu'on vous
„ le rapporte, & l'on scait qu'il ne
„ peut estre reprimé par la raison ny
„ par les paroles. Quand vous n'en
„ auriés point de certitude d'ailleurs
„ vous pourriés toutefois le decou-
„ vrir en raisonnant de la sorte. Dans
„ tous les lieux où l'on attaque la
„ bonne foy & la justice des Athe-
„ niens, nous avons fait voir la can-
„ deur de nostre conduite, & avons
„ toûjours confondu nos accusa-
„ teurs ; cependant la puissance de
„ Philippe en est-elle affoiblie, &
„ celle d'Athene augmentée, il s'en
„ faut beaucoup, car tandis que
„ nous nous amusons à haranguer

sur l'equité, Philippe attaque har «
diment ses ennemis, & fait voir «
combien les effets valent mieux «
que les paroles, aussi on ne s'ar- «
reste plus à vos magnifiques & in- «
utiles discours, on ne prend garde «
qu'à vos actions & au peu de se- «
cours qu'on tire de vous, mais c'est «
assés parlé sur ce sujet. Au reste «
les Villes sont ordinairement divi- «
sées en deux sortes de personnes, «
les unes tiennent pour la liberté & «
la justice, ils ne veulent ny com- «
mander ny servir, les autres aspi- «
rent à la Tyrannie, & font tout «
pour ceux qui peuvent favoriser «
leur ambition. Or ces derniers se «
sont rendus les maistres par tout ; «
& horsmis Athenes, je ne scay «
plus de Ville qui cherisse encore sa «
liberté. Enfin les Partisans de Phi- «
lippe ne manquent d'aucune des «
choses necessaires pour l'execution «
de leurs desseins, car en premier «
lieu Philippe leur fournit abon- «
damment de quoy corrompre la «

» fidelité de la Grece, & ce qui
» n'est pas moins considerable, ils
» ont des troupes toûjours prestes à
» se jetter quand ils veulent sur
» leurs ennemis.

LE CHEVALIER.

Si l'on ne m'assuroit que ce qui vient d'estre leu est de Demosthene, je ne le croirois jamais, je voy bien que la matiere est susceptible d'Eloquence, mais je n'y en vois aucune trace.

L'ABBE'.

Il est vray, que la definition que Ciceron donne de l'Eloquence lors qu'il dit qu'elle consiste à parler avec abondance & avec ornement, ne convient guere au commencement de ce discours, rien n'est plus sec ny plus despourveu d'ornemens, il ne s'y rencontre pas le moindre tour d'Eloquence, non pas mesme une seule metaphore, figure si necessaire à tout discours un peu sous-

des Anciens & des Modernes. 163
tenu, que sans elle l'Eloquence ny sçauroit subsister dans l'estenduë de deux periodes. Encore une fois il n'y a aucune expression figurée.

LE PRESIDENT.

C'est en quoy l'Eloquence de Demosthene est plus admirable; d'estre si belle & si forte par elle-mesme, que sans figures & sans paroles inutiles elle plaise, elle charme, elle enleve, semblable à ces belles personnes qui sans fard & sans ajustemens superflus se font aimer de tout le monde par la seule force de leur beauté simple & naive.

L'ABBE'.

L'Eloquence de Demosthene est fort eloignée d'avoir du fard & des ajustemens superflus, Elle n'a pas mesme l'essentiel de la beauté; ce qu'il dit est droit & de bon sens, mais ce n'est pas assés, il ne suffit pas pour estre belle de n'avoir pas la taille gastée & contrefaite, d'avoir deux yeux, un nez & une bouche qui ne foient point difformes, & un teint qui ne foit pas noir, il faut qu'il y ait de l'efclat dans les yeux, de l'agrément à la bouche, de la fraifcheur fur le teint, & une elegante proportion dans toutes les parties du corps & du vifage.

LE CHEVALIER.

Il n'y a peut-eftre rien de meilleur, que les viandes communes qu'on mange tous les jours, cependant on n'appelle pas aujourd'huy feftin, un repas où il n'y auroit que de ces fortes de viandes, fi la comparaifon vous femble trop baffe & trop materielle, je vous diray qu'on ne dit point, en parlant d'un baftiment tout fimple & tout uni quelque folide & bien conftruit qu'il foit, que c'eft un morceau, que c'eft un beau morceau d'architecture, & que pour meriter ce nom, il faut qu'il ait des colomnes ou des pilaſtres, avec des architraves, des friſes & des corniches.

L'ABBE'.

Il eſt vray d'un autre coſté, que comme les Dames font ſouvent tort à leur beauté par des ajuſtemens exceſſifs & trop recherchez, qu'on gaſte les meilleurs repas en y mettant trop de ragouſts bizares qui alterent la bonté naturelle des viandes, & que tous les jours les Architectes deshonnorent leurs baſtimens par une trop grande abondance d'ornemens ſuperflus, il en eſt de meſme de l'Éloquence où l'excez des figures brillantes, & la trop grande affectation de bien dire en avilit la grandeur & la majeſté, mais ſi Demoſthene eſt à couvert de ce reproche, il n'eſt pas exempt du vice oppoſé qui eſt d'avoir manqué des ornemens eſſentiels à l'Eloquence.

LE PRESIDENT.

Demoſthene eſt orné autant qu'il

le doit estre, & il semble que vous contiés pour rien le bon sens & la droite raison qui regne si puissamment dans ses ouvrages.

L'ABBE'.

Je les conte pour beaucoup, la raison & le bon sens sont des conditions sans lesquelles il ne peut y avoir de veritable Eloquence, mais ils ne sont pas pour cela l'Eloquence, de mesme que les fondemens solides d'un bel edifice, ne sont point ce bel edifice. Si le bon sens tout seul faisoit l'Eloquence, le don d'estre eloquent ne feroit pas aussi rare qu'il est, car enfin ce n'est pas une chose si difficile à trouver que du bon sens.

LE CHEVALIER.

Il y en a peut-estre plus dans la ruë S. Denis & dans la ruë S. Honoré, que dans toutes les Universités du Royaume, cependant je ne pense pas que si l'on faisoit un recueil des plus beaux discours des bons

Bourgeois de ces deux ruës, on le vendiſt au Palais pour un recueil de pieces d'Eloquence.

LE PRESIDENT.

Mr. le Chevalier a le talent de tourner tout en ridicule.

LE CHEVALIER.

Vous devriés Mr. le Preſident eſtre bien ſatisfait de ce que nous paſſons le bon ſens à Demoſthene auſſi franc que nous le faiſons, car ſi nous y regardons de bien prés, je doute qu'il n'y ait quelque choſe à redire ſur cet article là.

L'ABBE'.

Je n'oſerois pas en dire autant que Mr. le Chevalier, mais il eſt vray, que j'ay de la difficulté à bien comprendre quelques endroits de ce que nous avons leu, Souffrés que je vous en faſſe encore la lecture, Comme en cette aſſemblée, il s'a-« git de choſes de conſequence, & «

„ qui importent au bien public, je
„ tafcheray auffi de ne rien dire qui
„ ne foit utile à la Republique, mais
„ quoy que depuis long-temps vous
„ ayés commis plufieurs fautes, tou-
„ tefois la plus confiderable, c'eft le
„ peu d'application, &c. ce *mais* ne
me femble point fondé ny venir à
propos. Mais eft une particule *adverfative* qui porte neceffairement
une exception ou une reftriction
à la propofition qu'on a avancée.
„ Je tafcheray de ne rien dire qui ne
„ foit utile à la Republique, mais la
„ plus confiderable de vos fautes,
„ c'eft voftre peu d'application.
Quelle exception, quelle reftriction
fe trouve-t-il là, & quelle oppofition y a-t-il entre ces chofes.

LE PRESIDENT.

Ce *mais* qui vous fait tant de peine n'eft point dans le Grec, & au lieu de ces paroles, mais quoy que depuis long temps vous ayez commis plufieurs fautes…Il y a, or quoy que

que depuis long temps vous ayez commis plusieurs fautes....

LE CHEVALIER.

Or, en cet endroit n'est pas moins estrange ny moins farouche que le *mais*, que le traducteur y a mis comme plus doux à l'oreille ; donnez-moy le livre, s'il vous plaist, Monsieur l'Abbé, que je life un autre endroit. On ne « prend garde qu'à vos actions & « au peu de secours qu'on tire de « vous, mais c'est assez parlé sur ce « sujet. Au reste les Villes sont or- « dinairement divisées en deux sor- « tes de personnes. Voilà une belle « rentrée, cet au reste n'est nullement en sa place, puisque la matiere qui suit n'a aucune liaison avec la precedente.

LE PRESIDENT.

Ne remarquez-vous point que vous ne chicanez que sur des particules, sur un *mais*, & sur un *en* reſte, que vous pretendez n'eſtre pas en leur place; quand cela feroit vray, ce ne pourroit eſtre qu'une faute de diction & d'énonciation, qui ſelon vous ne regarde que la pureté du ſtile, & point du tout le fond de l'Eloquence.

L'ABBE'.

Y a-t-il rien de plus neceſſaire à l'Eloquence & au bon ſens, qui en eſt le fondement principal, que de raiſonner conſéquemment, or c'eſt ne raiſonner pas conſéquemment, que de mettre les particules, dont nous parlons, en des endroits où elles ne doivent pas eſtre; voyons ce qui en eſt. Je ne diray rien, dit Demoſthene, qui ne ſoit utile à la Republique, mais la plus grande de vos fautes, ou ſi vous voulez, or la plus grande de vos fautes, c'eſt de n'avoir pas d'application, y a-t-il
" de la ſuitte à ce raiſonnement, on
" ne prend garde qu'à nos actions;
" mais c'eſt aſſés parlé ſur ce ſujet;

au reste les Villes sont ordinairement divisées en deux sortes de personnes, n'est-ce pas là ce qu'on appelle une *disparate* ? Il est vray, que ceux qui ne sçavent pas parler de mesme que ceux qui n'entendent & ne comprennent qu'en gros ce qu'on leur dit, ne s'embarrassent pas des particules, parce qu'ils n'en sçavent pas la force, & que ne s'attachant qu'à la substance du discours, ils l'entendent bien moins qu'ils ne le devinent; mais à l'égard de ceux qui font attention sur tout ce qu'on leur dit, une particule aussi mal placée que celles dont nous parlons est capable de leur en faire perdre toute la suite; cela me confirme bien dans la pensée où j'ay toûjours esté, que les plus anciens d'entre les Anciens ont ignoré la plus grande partie des finesses de la Grammaire, qui estant fondées sur ce qu'il y a de plus delicat dans la Logique n'ont pû estre connuës qu'aprés beaucoup de siecles; c'est de là qu'ont pris naissance tant de figures de Grammaire & de Rhetorique, qui ne sont autre chose que des noms honnorables qu'on a donnez aux fautes des Anciens, parce qu'on n'a osé dire ny mesme osé penser, que ce fussent des fautes.

LE PRESIDENT.

Ce qui vous trompe, c'est que ces particules ne font pas le mesme effet dans le Grec, que dans le François.

L'ABBE'.

Je le veux bien, si vous le voulez, quoy que je n'en voye pas la raison; mais pour ne point disputer là dessus, ostez-les toutes, ou mettez-en d'autres en la place telles qu'il vous plaira, vous n'y trouverez jamais vostre compte, la raison est, que les choses que dit Demosthene ne se suivent point d'elles-mesmes, & n'ont point un rapport immediat les unes aux autres. Je ne diray rien qui ne soit utile à la Republique, dit il, & il ajoûte immediatement, la plus grande de vos fautes, est de n'avoir pas d'application, ces deux choses là ne se suivent point naturellement.

LE PRESIDENT.

Encore une fois laissons-là ces bagatelles, & admirons la simplicité majestueuse qui regne dans les ouvrages de Demosthene, preferable mille fois à toute l'abondance & à tous les ornemens de ceux qui l'ont suivy.

L'ABBE'.

Je soûtiens deux choses, la premiere, que la simplicité de Demosthene que nous venons de voir n'est point majestueuse, & la seconde, que quand elle le seroit, il a eu tort de n'y avoir pas joint de la pompe & de la magnificence, dans un ouvrage qui en demandoit.

LE PRESIDENT.

Voilà deux paradoxes bien surprenans, & qu'il sera curieux de vous voir soustenir.

L'ABBE'.

Il peut y avoir dans le discours, deux sortes de simplicités, une simplicité qui vient de foiblesse & d'indigence, telle que celle qui se rencontre dans le discours des enfans du menu peuple, des villageois & des ignorans ; discours qui n'est qu'une suite de pensées communes sous des expressions encore plus communes ; & une autre simplicité qui vient de force & d'abondance, telle que celle qui se trouve dans les discours des hommes graves qui pensent beaucoup & qui parlent peu, qui ayant joint à un genie heureux, un long usage du beau monde, ont le don de se former des idées nobles de toutes choses, & de les renfermer sous des expreſſions communes à la verité, mais tres-juſtes & tres-précifes. Cette belle ſimplicité eſt à l'égard de l'autre ce que l'or eſt à l'égard du fer & du cuivre, car comme l'or contient en un petit volume la valeur d'une grande maſſe de ces autres metaux, de meſme le diſcours où ſe rencontre cette ſimplicité prétieuſe renferme en peu de mots ce qu'un autre diſcours d'une ſimplicité commune ne pourroit egaller que par un grand nombre de parolles, ainſi le moyen le plus ſeur pour diſcerner la belle ſimplicité d'avec celle qui luy eſt oppoſée, c'eſt de voir ſi elle renferme beaucoup de ſens & de bon ſens ſous peu d'expreſſions ſimples & ordinaires; & ſi elle peut eſtre expliquée par un plus grand nombre de parolles, qui toutes enſemble ne diroient pas davantage, & qui feroient en quelque façon la monnoye qu'on en auroit renduë. Si la ſimplicité qu'on louë tant dans

Demosthene, & dans plusieurs autres des anciens estoit toute de cette nature, je n'aurois rien à dire, mais il s'en faut beaucoup, & si l'on pouvoit en oster la veneration, que la longue suite des temps y a ajoustée, nous trouverions que cette simplicité est de l'espece la plus commune, & que ce qu'on prend pour de l'or à cause d'une sorte de rouille pretieuse que le temps y a mise n'est bien souvent que du cuivre & du laitton.

LE PRESIDENT.

Pour connoistre cela, il faudroit avoir une pierre de touche, que peut-estre nous n'avons pas.

L'ABBE'.

La pierre de touche, c'est que les Modernes ne taschent point d'imiter en cela les Anciens, ce qui seroit pourtant assez facile, & que quand ils l'ont voulu faire la chose n'a pas reussi.

LE CHEVALIER.

Une pierre de touche bien feure, c'eſt la traduction de Teophraſte qu'on vient de nous donner avec des penſées fur les Mœurs de noſtre fiecle, il n'y a qu'à ſçavoir combien la ſimplicité de Teophraſte a eſté trouvée pauvre par tout ce qu'il y a de gens de bon gouſt dans Paris, au grand eſtonnement & au grand ſcandale des adorateurs des Anciens, & de ſçavoir en meſme temps combien le public a preferé aux Caracteres du divin Teophraſte les reflexions du Moderne qui nous en a donné la traduction ; les Sçavans font fort embaraſſez là deſſus, car de pretendre comme le Traducteur de Theocrite que le gouſt du fiecle eſt malade, & qu'il a des travers, ils voyent bien que de pareilles pretentions ne reuſſiſſent pas. On peut voir dans ce livre des exemples bien marqués & de l'une & de l'autre ſimplicité. Voicy le livre, voyons ce qui en est.

L'ABBE'.

Ouvrez-le où vous voudrez, & lisez.

LE CHEVALIER.

„ Il ne leur arrive pas en toute leur
„ vie (Theophraste parle ici des gens
„ rustiques) de rien admirer ny de
„ paroistre surpris des choses les plus
„ extraordinaires que l'on rencon-
„ tre sur les chemins. Mais si c'est un
„ bœuf, un asne, ou un vieux bouc,
„ alors ils s'arrestent & ne se lassent
„ point de les contempler : si quel-
„ quefois ils entrent dans leur cuisi-
„ ne, ils mangent avidement tout ce
„ qu'ils y trouvent, boivent tout
„ d'une haleine une grande tasse de
„ vin pur ; ils se cachent pour cela
„ de leur servante, avec qui d'ailleurs
„ ils vont au moulin, & entrent
„ dans les plus petits détails du do-

meſtique. Ils interrompent leur «
ſouper, & ſe levent pour donner «
une poignée d'herbes aux beſtes «
de charruë qu'ils ont dans leurs «
eſtables. Voila donc de la ſimplicité antique. Je n'aurois jamais creu
que ce ſtile là fuſt inimitable.

L'ABBE'.

Ce diſcours n'a pas beſoin d'eſtre
expliqué, & il ſeroit mal-aiſé d'en
faire une longue paraphraſe.

LE CHEVALIER.

Cela ſeroit auſſi mal-aiſé que de
donner la monnoye d'un double;
mais liſons quelque choſe du Moderne. La Province eſt l'endroit «
d'où la Cour, comme dans ſon point «
de veuë paroiſt une choſe admira- «
ble, ſi l'on s'en approche, ſes agre- «
mens diminuent comme ceux d'une «
Perſpective que l'on voit de trop «
prés. Il y a là de quoy parler trois «
jours durant, & le ſens qui eſt ren- «
fermé ſous le peu de paroles ſimples «

& ordinaires que je viens de lire fourniroit de matiere à un fort gros volume.

L'ABBE'.

Quand on voudra examiner de prés ce que nous avons leu de Demosthene, on trouvera que la mauvaise mediocrité y a plus de part que la bonne, mais quand elle seroit toute excellente & de la bonne espece, je dis qu'il falloit autre chose que de la simplicité dans un discours aussi celebre, qui se prononçoit devant le peuple d'Athenes, & où il s'agissoit de la plus importante de ses affaires. Il falloit là du sublime & de l'heroïque, où pouvoit-il plus à propos deployer les grandes voiles de l'Eloquence, & employer ses plus nobles figures & ses plus beaux ornemens La grande Eloquence a toûjours esté comparée ou à un grand Fleuve ou à un Torrent, & jamais à un petit Ruisseau qui n'humecte qu'à peine son lit & ses rivages, on a dit mêmes de ceux qui n'ont pas le don de la parole qu'ils rassemblent à une clepsydre mal-entretenuë où l'eau demeure & ne tombe pas mesme goute à goute regulierement. J'avouë que la fin de cette quatriéme Philippique est beaucoup meilleure & plus eloquente que le commencement, mais quoy qu'il soit dans l'ordre d'aller toûjours en s'elevant dans un discours, il n'estoit pas necessaire de commencer d'un ton si bas, & de continuer si long-temps sur le mesme ton.

LE PRESIDENT.

Vous qui aimez la pompe & la magnificence est-ce que vous n'estes pas content de Demosthene quand il apostrophe les Manes de ceux qui sont morts à la journée de Marathon.

L'ABBE'.

Si cet endroit est beau, comme on ne peut pas en disconvenir, il luy a fait bien de l'honneur. Tous les Auteurs qui parlent d'Eloquence crient miracle sur cet endroit, comme s'il avoit ressuscité les morts qu'il apostrophe ; cependant cet endroit doit son plus grand esclat à l'importance de la matiere & au peu d'élevation des autres choses qui l'environnent, car il n'est pas plus mal-aisé d'apostropher, ny mesme de faire parler les Morts que les Vivans dans une piece d'Eloquence.

LE PRESIDENT.

Ce qui nous trompe icy, c'est que la traduction que nous lisons est une traduction litterale & presque mot à mot : un de mes amis travaille presentement à en faire une qui sera accommodée à nos manieres, & où Demosthene s'expliquera, comme il eust fait en nostre siecle, & parlant devant nous.

LE CHEVALIER.

Si ce galand homme fait tant par

ses journées que les harangues de Demosthene ressemblent à celles de nos Orateurs, les harangues de Demosthene pourront estre fort bonnes, & son travail servira merveilleusement à prouver, que les manieres d'aujourd'huy sont meilleures que celles d'autrefois.

LE PRESIDENT.

Ce sera toûjours la mesme Eloquence, quoy que plus ornée, de mesme qu'une belle femme est toûjours la mesme quoy que plus parée en un temps qu'en un autre.

L'ABBE'.

Permettez-moy de vous representer, que la comparaison n'est pas juste, les ornemens ne sont qu'une chose estrangere à la beauté d'une femme, mais ils sont essentiels à la grande Eloquence, qui consiste, comme dit Ciceron, à parler avec abondance & avec ornement.

LE PRESIDENT.

Cela ne merite pas que nous difputions, car les ornemens que mon amy ajouſtera aux harangues de Demoſthene, pour s'accommoder au gouſt du ſiecle qui aime les colifichets, ne ſervira qu'à les gaſter un peu en alterant leur charmante & divine ſimplicité ; mais c'eſt aſſés parlé de Demoſthene, venons à Ciceron, qui aprés luy eſt en poſſeſſion du premier rang entre les Orateurs, c'eſt meſme une maxime qu'un homme ne doit ſe croire Eloquent qu'autant qu'il a de gouſt pour les ouvrages de ce grand homme.

L'ABBE'.

Cette maxime luy a attiré & luy attire encore aujourd'huy bien des ſuffrages, combien de gens ne ſe recrient, comme ils ſont ſur les ouvrages de ce grand Orateur, que pour ſe mettre en reputation d'eſtre Eloquens: Pour moy je vous avouë que j'eſtime fort Ciceron; comme il eſt un Moderne à l'égard de Demoſthene, il a ſceu auſſi beaucoup mieux que luy le meſtier dont il ſe meſloit, il eſtoit d'ailleurs plus ſçavant & mieux eſlevé, & il eſt venu dans un ſiecle où il s'eſtoit fait beaucoup de nouvelles deſcouvertes dans l'art de bien dire. Pour voir la difference qu'il y a entre ces deux Orateurs, nous n'avons qu'à lire le commencement de la ſeconde Oraiſon qu'il a faite contre Verres, où il luy reproche le vol qu'il avoit fait dans la Sicile d'une infinité d'excellens ouvrages de ſculpture. La traduction de cette piece eſt dans le meſme volume où nous venons de lire la quatriéme Philippique; Voicy comment elle commence. Je viens maintenant à ce que « Verres appelle ſa paſſion; ſes amis « le nomment ſa maladie; les Siciliens ſouſtiennent que c'eſt un brigandage. Pour moy je ne ſcay « quel nom luy donner, je vays «

» vous propofer la chofe, & vous
» luy impoferés tel nom que vous
» trouverez à propos. Je dis donc,
» Meſſieurs, que dans toute la Sici-
» le qui eſt une Province ſi grande &
» ſi riche, où l'on voit tant de Vil-
» les, tant de familles opulentes; il
» n'y a eu vaze d'argent ou d'airain
» de Corinthe, je dis qu'il n'y a ſta-
» tuë de marbre, de bronze ou d'i-
» voire, qu'il n'y a eu peinture ny
» tapiſſerie que Verres n'ait veuë,
» qu'il n'ait tenuë, & dont il n'ait
» emporté tout ce qu'il luy a pleu,
» il ſemble que ce ſoit dire beau-
» coup, mais je vous prie de pren-
» dre garde à mes parolles. Quand
» je dis tout, ce n'eſt pas pour aug-
» menter l'enormité de ce crime.
» Quand je dis que Verres a depoüil-
» lé la Sicile de toutes ſes raretez,
» c'eſt une verité & non point une fi-
» gure, je parle en Hiſtorien & non
» point en Orateur, voulés-vous
» que je m'explique plus clairement.
» Je dis, que Verres n'a eu reſpect

ny pour les maisons des particu-«
liers, ny pour les Villes, ny pour «
les Temples, qu'il a pillé indiffe-«
remment les Siciliens, & les Ci-«
toyens Romains. Que sacré, pro-«
fane, il a ravi tout ce qu'il a jugé «
digne de sa curiosité. Mais par où «
pourrois-je mieux commencer ce «
discours, que par cette Ville qui a «
eu tant de part à vos bonnes gra-«
ces. Verres à qui ajoustera-t'on «
plus de foy qu'à vos Panegyristes «
mesmes, il sera facile de juger de «
quelle sorte vous pouvés avoir «
traité vos ennemis, puisque vos «
bons amis les Mammertins n'ont «
peu se sauver de vos rapines. Je «
croy, que personne ne peut nier «
que Caius Heïus ne soit un des «
plus considerables Citoyens de «
Messine, sa maison est la plus bel-«
le de la Ville, elle est ouverte à «
tous les Romains. Cette maison «
avant l'arrivée de Verres estoit si «
bien ornée qu'on pouvoit dire «
qu'elle servoit d'ornement à la «

„ Ville. Maintenant tous les orne-
„ mens de Messine consistent en sa
„ situation, en son port & en ses
„ murailles, la curiosité de Verres
„ la privée de toutes les autres ra-
„ retez......

LE CHEVALIER.

Cela me plaist beaucoup, & il m'a semblé en passant de l'Oraison de Demosthene à celle de Ciceron, que nous passions d'un champ sterile & sec, dans un champ cultivé où il y a des fleurs, des arbres & des fontaines.

L'ABBE'.

Ces fleurs, ces arbres & ces fontaines ne sont autre chose que la belle Eloquence, dont brille l'Oraison de Ciceron, & qui ne se trouve pas dans celle de Demosthene. On voit par là ce que fait la difference des siecles en fait d'Eloquence, comme en toute autre chose, car je suis persuadé, que

Demosthene du costé de l'esprit, de l'imagination, du jugement & de la plufpart des talens naturels n'estoit nullement inferieur à Ciceron, & que tout son desavantage ne procede que d'estre venu au monde dans un siecle plus ancien, & qui par cette raison n'a pu estre aussi beau, aussi delicat, & aussi poli que celuy d'Auguste, car trois cens cinquante ans ou environ qu'il y a entre l'Orateur Grec & l'Orateur Romain, font une espace de temps où toutes les connoissances qui servent à l'art de bien parler on pû recevoir & ont receu effectivement un accroissement considerable. S'il est donc vray que les ouvrages de Ciceron soient plus Eloquens que ceux de Demosthene, par la seule raison qu'il est venu depuis, où est l'absurdité d'asseurer, que dans le siecle où nous sommes plus âgé de dix-sept cens ans, que celuy d'Auguste, l'Eloquence soit arrivée à un plus haut point de perfection.

LE PRESIDENT.

Et cela dites-vous parce que noſtre ſiecle eſt plus ſçavant, plus delicat & plus poli que celuy d'Auguſte.

L'ABBE'.

Aſſurement.

LE CHEVALIER.

Entre nous, Monſieur le Preſident, cela fait dreſſer les cheveux à la teſte. Je ne voudrois pas en dire autant dans un College, j'aurois peur qu'il ne tombaſt ſur moy, & ne m'eſcraſaſt ſous ſes ruines. Cependant je croy avoir veu un *mais* dans ce qu'on vient de lire de Ciceron, qui n'eſt guere mieux placé que celuy de Demoſthene, & qui, ſi je ne me trompe marche en teſte d'une periode où il y a un peu d'obſcurité, donnez-moy que je liſe; voulez-vous que je m'explique plus clairement, je dis que

des Anciens & des Modernes. 191

Verres n'a eu respect ny pour les «
maisons des particuliers, ny pour «
les Villes, ny pour les Temples; «
qu'il a pillé indifferemment les Si- «
ciliens & les Citoyens Romains, «
que sacré, profane, il a ravi tout «
ce qu'il a jugé digne de sa curiosité. «
Mais par où pourrois-je mieux «
commencer ce discours, que par «
cette Ville qui a eu tant de part à «
vos bonnes graces. Verres à qui «
ajoustera-t'on plus de foy qu'à «
vos Panegyristes mesmes ? il sera «
facile de juger de quelle sorte «
vous pouvez avoir traité vos En- «
nemis, puisque vos bons amis les «
Mammertins n'ont peu se sauver «
de vos rapines. Je dis, que ce «
mais ny l'interrogation qui suit, *par où pouvois-je mieux commencer ce discours* ne sont point en leur place. Il n'a rien precedé qui donne lieu à cette particule adversative, ny à cet interrogant.

LE PRESIDENT.

Il y a dans le Latin par où donc pourrois-je mieux commencer.

L'ABBE'.

Cela est vray, mais ce donc est encore pire, que le mais, car ce qui precede peut-il estre une raison de commencer pluftoft par où il commence que par un autre endroit? Le traducteur a fait plaisir à Ciceron d'ofter le donc pour y fubftituer un mais.

LE CHEVALIER.

Je voy bien, que c'est une espece de transition cavalliere pour passer de l'Exorde à la Narration, mais il valloit mieux n'en point faire, que d'en faire une aussi brusque & aussi fauvage que celle-là. De plus on ne scait d'abord qu'elle est la Ville dont il veut parler, ny qui sont les Panegyristes de Verres, ny mesme pourquoy les Mammertins sont appellez

des Anciens & des Modernes. 193
ſes bons amis. Il eſt vray qu'on peut l'avoir appris dans ſes premieres Oraiſons contre Verres, & qu'on en ſoupçonne quelque choſe, mais un Orateur ne doit pas donner des enigmes à deviner, & ſuppoſer que tous ceux qui l'eſcoutent ont aſſiſté à ſes diſcours précedens. Je vais faire une choſe bien temeraire & bien inſolente. Je vais vous dire comment Ciceron auroit deu s'y prendre pour éviter le deſordre & l'obſcurité qui ſe trouvent dans le commencement de ſa narration. *Voulés-vous que je m'explique plus clairement. Ie dis que Verres n'a eu reſpect, ny pour les maiſons des Particuliers, ny pour les Villes, ny pour les Temples ; qu'il a pillé indifferemment les Siciliens & les Romains, que ſacré, profane, il a ravi tout ce qu'il a jugé digne de ſa curioſité.*

Ie ne ſçaurois mieux commencer ce diſcours, que par la Ville des Mammertins : cette Ville qui a eu tant de part à vos bonnes graces, & qui vous a

II. Partie. I

envoyé des députez pour vous faire l'Eloge du Preteur que vous luy avés donné. Car Verres à qui ajoustera-t'on plus de foy qu'à vos Panegyristes mesmes, & ne sera-il pas aisé de juger de quelle sorte vous avés pû traitter vos ennemis, puisque vos bons amis les Mammertins n'ont pû se sauver de vos rapines. Vous haussez les espaules Monsieur le President, & je vous fais pitié. Cependant je vous soutiens, & à tous les Amateurs outrez de Ciceron, que je ne gaste rien à son ouvrage, & que la maniere dont je tourne le commencement de sa narration, & que je la joins à son exorde y donne un ordre & une clarté dont elle avoit besoin. Je ne pretens pas, comme vous pouvez penser, estre plus Eloquent que Ciceron, mais seulement vous faire voir, que dans nostre siecle, le don d'estre intelligible & de parler regulierement est une chose aussi commune qu'elle estoit rare parmy les Anciens, mesme dans le siecle d'Auguste.

LE PRESIDENT.

En voulant rendre Ciceron plus clair qu'il n'est, quoy qu'il le soit assés, vous n'avés fait autre chose, Monsieur le Chevalier, que de le rendre foible & languissant. Ne sentés vous pas combien ce *donc* & l'interrogant qui le suit, donnent de vie & de mouvement à son discours.

LE CHEVALIER.

Il luy en donne sans doute, mais trop, & mal à propos. Cela pourroit estre bon sur la fin d'un discours où il sied bien d'estre ému & de n'estre pas tout à fait exact, mais dans un commencement de narration une telle saillie n'est pas supportable.

L'ABBE'.

Monsieur le Chevalier est bien hardi asseurement, & je n'aurois jamais osé toucher comme il fait aux ouvrages du Prince des Orateurs.

LE CHEVALIER.

Monsieur le President me permettra encore de dire, que je trouve trois choses dans Ciceron qui ne me plaisent point du tout ; & à dire le vray, je ne comprens pas comment les Peres Conscripts qui estoient sans doute plus graves que moy, ont pû s'en accommoder. La premiere, ce sont les ordures qu'il dit contre Antoine, contre Clodius, contre Pison & contre Verres, les idées qu'il en donne sont quelquefois si sales & si degoustantes, que si j'avois à vous en parler, j'aurois honte de me servir des mesmes expressions. La seconde, l'air enjoüé & goguenard, dont il egaye quelquefois sa Satyre par les bons mots qu'il y mesle : maniere tres-agreable dans la conversation, mais peu convenable dans une Assemblée aussi auguste que le Senat ;

Et la troisiéme, les loüanges qu'il se donne à tous momens & en toutes rencontres. Il a sauvé la Republique, & sans luy tout estoit perdu ; en un mot, si l'on l'en veut croire, il n'y a point de particulier dans Rome qui ne luy soit redevable de sa vie & de ses biens.

LE PRESIDENT.

Ce sont d'honnestes libertés qui avoient bonne grace dans la bouche d'un aussi grand homme que Ciceron, & qui ne sont autre chose que des marques sensibles de son merite extraordinaire.

L'ABBE'.

Elles ne sont pas moins des marques sensibles du peu de delicatesse de son siecle, car aujourd'huy il n'y a point d'homme de quelque autorité que ce soit qui osast en user de la sorte, devant la moindre Assemblée, pour peu qu'elle fust serieuse. Mais sans entreprendre de juger par nous-mefmes de ce grand Orateur. Voyons ce que le plus moderé des Critiques, le Sage Quintilien en a dit dans son Dialogue des Orateurs.

LE PRESIDENT.

On ne demeure pas d'accord, que ce Dialogue soit de Quintilien.

L'ABBE'.

Quelques Sçavans l'ont attribué autrefois à Corneille Tacite, & mesme on l'imprimoit ordinairement à la fin de ses ouvrages, mais il passe aujourd'huy pour constant qu'il est de Quintilien. Comme il y a peu de jours que je l'ay leu avec beaucoup d'attention, je vous en rapporteray sans peine toute la substance, & mesme la plufpart des meilleurs endroits mot à mot ; je suis seur que je ne vous ennuyray point, car vous n'y verrés pas seulement ce qu'on pensoit alors de Ciceron, vous y verrés encore toute noſtre queſtion traitée à fond, & autant bien qu'il eſt poſſible. Il introduit d'abord trois Interlocuteurs, qu'il nomme Secundus, Maternus & Aper, dont les deux premiers ſont pour les Anciens, & le dernier pour les Modernes. Ce dernier qui eſt Aper, reproche à Maternus qu'eſtant auſſi bon Orateur qu'il eſt, il a tort de mettre tout ſon temps à compoſer des Tragedies, choſe qui n'eſt ny ſi honneſte, ny ſi agreable, ny ſi utile, que d'exceller dans l'Eloquence, ce qui luy ſeroit facile, s'il vouloit ſe mettre dans le Bareau. Maternus ſouſtient au contraire, qu'il eſt plus honneſte, plus agreable & plus utile de faire des Vers, que de plaider: Et là deſſus, il ſe dit de part & d'autre, à la loüange de l'Eloquence, & de la Poëſie, & ſur la preference qu'elles peuvent pretendre l'une ſur l'autre, une infinité de choſes d'une tres-grande beauté. Sur la fin de cette diſpute, qui demeure indecife, furvient Vipfanius Meffala encore plus entefté pour les Anciens que les deux autres. On luy explique l'eftat de la queftion, & particulierement ce qui luy a donné lieu, qui eft de fçavoir quels Orateurs font les plus Eloquens, des Anciens ou des Modernes. La deffus Meffala dit, " Qu'il ne doute point qu'ils ne foient " tous trois de même avis, & tous trois " tres-perfuadés que les Anciens " font de beaucoup fuperieurs aux " Modernes, quoy qu'Aper fe divertiffe quelquefois à fouftenir le " contraire, pour faire voir la beau " té de fon efprit en deffendant bien " une mauvaife caufe ; mais qu'au " lieu de s'amufer à difputer fur une " chofe où il n'y a pas de difficulté, " il vaudroit mieux que quelqu'un " d'eux fe donnaft la peine de cher" cher les caufes de la difference " infinie qui fe trouve entre l'Elo" quence des Anciens & celle des " Modernes.

LE CHEVALIER.

Le caractere de ce Meſſala me resjouït. Ce galand homme reſſemble bien à nos Amateurs outrez des Anciens, c'eſt le meſme air degagé & deciſif, il ſuppoſe qu'il n'y a pas de queſtion, & qu'Aper ne ſouſtient le party des Modernes, que pour monſtrer la beauté de ſon Eſprit, en deffendant bien une mauvaiſe cauſe, c'eſt le meſme langage qu'on a tenu à l'Auteur du Poëme du ſiecle de LOUIS le Grand.

L'ABBE'.

Aper qui ne s'accommode pas de cette honneſteté non plus que l'Auteur du Poëme dont vous parlez, y répond à peu prés, en ces termes. Je ne ſouffriray point que noſ- « tre ſiecle, contre lequel vous « avez conſpiré tous trois, ſoit con- « damné ſans eſtre entendu, & ſans « que j'aye fait auparavant tous mes « efforts pour le deffendre. Premie- «

„ rement pourquoy voulés-vous que
„ Ciceron soit un Ancien à noftre
„ égard, puifque le mefme homme
„ qui vous a entendu playder vos
„ premieres caufes a peu oüir Cice-
„ ron prononcer fes dernieres Orai-
„ fons ; & fi l'Eloquence d'aujour-
„ d'huy eft differente de celle de Ci-
„ ceron, s'enfuit-il, que ces deux
„ Eloquences ne foient pas toutes
„ deux bonnes? Les formes & les
„ genres de difcours changent avec
„ le temps, comme Caius Gracchus
„ eft plus plein & plus abondant
„ que le vieux Caton, de mefme
„ Craffus eft plus exact & plus orné
„ que Gracchus, & Ciceron eft plus
„ net, plus poly, & plus elevé que
„ l'un & l'autre; Corvinus eft plus
„ doux & plus temperé que Cice-
„ ron, & à la diction plus chaftiée.
„ Je n'examine point lequel eft le
„ plus eloquent, il me fuffit de
„ prouver, que la face de l'Eloquen-
„ ce n'eft pas toûjours la mefme, &
„ que dans les Orateurs que vous

nommez Anciens, il y en a de plu-«
sieurs especes; qu'une Eloquence «
n'est pas necessairement mauvaise «
pour estre differente d'une autre «
qui est bonne, & que si l'on en juge «
autrement, c'est que, par un effet «
injuste de la malignité humaine, «
on n'a que de la veneration pour «
les choses anciennes, & que du «
degoust pour les nouvelles. Pou-«
vons-nous douter, que plu-«
sieurs gens n'admirent davantage «
Appius Cecus, que Caton; il est «
certain mesme que Ciceron n'a «
pas manqué de reprehenseurs, à «
qui il a paru enflé & bouffi, «
diffus, prenant trop l'essort, «
& d'un goust peu attique ; que «
Calvus la trouvé foible & sans «
nerfs, & Brutus, rompu & erinté; «
ce sont ses propres termes. Si vous «
me demandez mon avis, il me sem-«
ble qu'ils ont tous dit la verité, & «
je le feray voir quand je les exami-«
neray en particulier, car j'ay af-«
faire presentement à eux tous en-«

» semble. Les Admirateurs des An-
» ciens disent, que c'est Cassius Se-
» verus qui le premier a commencé
» à sortir de l'ancienne & droite ma-
» niere de parler en public. Je le
» veux bien, mais je souftiens, que
» ce n'a point esté manque d'esprit &
» de genie, ny par ignorance des
» belles Lettres qu'il s'est appliqué à
» un nouveau genre de bien dire,
» mais par un pur effet de son bon ju-
» gement. Il avoit compris que le
» goust des Auditeurs ayant changé
» avec les temps, il falloit aussi donner
» une autre forme à l'Eloquence. Le
» Peuple du siecle precedent souf-
» froit sans peine, comme grossier &
» peu instruit qu'il estoit, la lon-
» gueur excessive des Oraisons
» grossieres & peu spirituelles, &
» mesme c'estoit une chose qui
» tournoit à grande gloire à l'Ora-
» teur s'il avoit employé tout un jour
» à parler. Les longs Exordes, les
» longues Narrations qui prenoient
» l'affaire de bien loin, un grand

nombre de divisions inutiles, & une longue suite d'argumens mis par gradation les uns aprés les autres, faisoient grand honneur à un discours; que si l'Orateur avoit quelque teinture de la Philosophie, & qu'il eust l'adresse d'en inferer quelque question dans ses discours, on l'eslevoit jusques au Ciel par mille loüanges. Il ne faut pas s'en estonner, toutes ces choses estoient nouvelles alors, & peu mesme d'entre les Orateurs avoient instruits des regles de la Rhetorique, & des differentes opinions des Philosophes. Mais toutes ces connoissances estant devenuës communes, il a fallu que l'Eloquence se soit fait de nouveaux chemins, & de nouvelles routes pour ne pas ennuyer les auditeurs, & particulierement les Juges qui revestus d'autorité & de puissance, n'attendent plus presentement que l'Orateur soit en humeur de leur parler, mais

» luy en prescrivent l'heure & le
» temps, & le ramenent à son sujet
» pour peu qu'il s'en escarte. Souf-
» friroit-on aujourd'huy un Avocat
» qui prendroit le sujet de son Exor-
» de sur son peu de santé, comme
» faisoit Corvinus, & qui pourroit
» écouter cinq ou six longues Orai-
» sons, ou plutost cinq Livres con-
» tre le seul Verres ? Le Juge dans le
» temps où nous sommes previent
» l'Avocat dans ce qu'il doit dire,
» & à moins qu'il ne soit invité &
» comme seduit par l'abondance
» des raisons, par la vivacité des
» sentimens, & par l'esclat & l'or-
» nement des descriptions, il ne
» l'écoute qu'avec chagrin & avec
» aversion; le Peuple mesme s'est
» déja accoustumé à vouloir de la
» beauté & de l'agrément dans les
» discours, & il ne souffre pas plus
» volontiers dans le Bareau, cette
» triste & mal peignée Antiquité,
» que si l'on vouloit luy represen-
» ter des Comedies à la maniere

de Roscius & de Turpion.

LE CHEVALIER.

Il me semble que Ciceron a plaidé pour ce Roscius, & qu'il en parle comme d'un Comedien excellent & inimitable.

L'ABBE'.

Il en parle comme vous le dites, & l'on peut juger, par le peu d'estat qu'il paroist qu'on faisoit de ce mesme Roscius du temps de Quintilien, combien le goust s'estoit raffiné depuis le temps de Ciceron.

LE CHEVALIER.

Cela merite d'estre remarqué, & fait extremement à nostre question.

L'ABBE'.

Les jeunes gens qui estudient, « poursuit Aper, & qui viennent « écouter pour apprendre, veulent « non seulement oüir quelque chose « de bon, mais quelque chose qui « merite par son excellence, qu'ils «

» l'emportent chez eux, & qu'ils en
» chargent leur memoire, car ils
» se donnent les uns aux autres les
» beaux endroits qu'ils ont oüis, &
» les envoyent mesme dans les Pro-
» vinces, soit que ce soient des traits
» fins & delicats, soit que ce soient
» des sentimens exprimez d'une ma-
» niere ornée & poëtique. On de-
» mande presentement dans l'Ora-
» teur, que son discours se ressente
» du beau feu de la Poësie, non
» point de celle d'Actius ou de Pa-
» cuve, qui est assoupie & languis-
» sante, mais de celle d'Horace &
» de Virgile. C'est ainsi que l'E-
» loquence d'aujourd'huy s'accom-
» modant à l'oreille & au goust des
» Juges & des auditeurs s'est ren-
» duë plus belle & plus ornée, &
» il ne faut pas s'imaginer que les
» discours de nos Orateurs pour
» estre oüis des Juges avec plaisir en
» soient moins forts & moins per-
» suasifs. Est-ce que les Temples que
» l'on bastit presentement en sont

moins solides pour n'estre pas « construits de moillon brut, & « pour n'estre pas couverts de sim- « ples tuilles, ou parce qu'ils sont « de marbre, & que l'or y brille de « tous costés. Je vous avouë inge- « nuëment, que j'ay bien de la pei- « ne à ne pas rire, & bien souvent « mesme à ne pas m'endormir « quand je lis certains ouvrages des « Anciens, & mesme de ceux qui « sont hors du commun. Qui peut « lire les ouvrages de Canutus, ny « ceux de Calvus & de Cecilianus, « si ce n'est quelques morceaux de « ce dernier, où il attrape un peu « la politesse & l'elevation de nostre « siecle ? Qui peut estre assez espris « de l'antiquité pour loüer Celius « par les endroits où il est antique ? « Pour Cesar, il faut luy pardonner, « si à cause de ses grands desseins, & « de ses occupations importantes, « il n'a pas fait dans l'Eloquence « tout ce qu'on devoit attendre de « son divin genie, il faut avoir le «

» mesme esgard pour Brutus qui s'es-
» toit donné entierement à l'estude
» de la Philosophie. Je viens à Cice-
» ron, qui a soustenu contre plusieurs
» de ses amis le mesme combat que
» je soustiens aujourd'huy contre
» vous ; car ses amis admiroient les
» Anciens Orateurs, & luy, il leur
» preferoit les Orateurs de son temps,
» luy qui les surpassoit tous, & parti-
» culierement dans la partie du juge-
» ment.

LE CHEVALIER.

Que dites vous à cela, Monsieur le President ? Si Ciceron a raison, voila les Modernes qui ont gaigné leur cause, car Ciceron & ceux de son temps tout Anciens qu'ils sont aujourd'huy estoient Modernes a- lors, si Ciceron a tort, quel scan- dale ? C'est un abysme que cela ; il ne faut pas y arrester son esprit.

L'ABBE'.

Ciceron, continuë Aper, est le

premier qui a cultivé le discours, le premier qui a eu du choix pour les parolles, & de l'art dans la composition, qui a attrapé des endroits agreables, & qui a trouvé de beaux sentimens, particulierement dans les Oraisons qu'il a composées, estant deja aagé, & sur la fin de sa vie, c'est à dire, lors qu'il estoit plus avancé dans l'Eloquence, & que par une longue experience, il avoit appris qu'elle estoit la meilleure maniere de plaider ; car ses premieres Oraisons ne sont pas exemptes des vices de l'Antiquité. Il y est long dans ses Exordes, diffus dans ses Narrations, tardif à s'emouvoir, & il ne s'eschauffe que rarement, Il s'y trouve peu de sentimens qui soient excellens, & qui finissent par quelque chose de brillant, on n'en peut rien prendre ny remporter & elles ressemblent à un bastiment ordinaire, dont les murs sont à la verité solides & durables,

» mais non pas assez polis, ny as-
» sez magnifiques, car pour moy,
» Je veux qu'un Orateur ressemble à
» un riche & honnorable Pere de
» famille, à qui il ne suffit pas d'es-
» tre logé dans une maison qui le
» mette à couvert du vent & de
» la pluïe, mais qui doit avoir
» une maison belle & riante; qui
» ne se contente pas d'avoir des
» meubles pour les usages neces-
» saires, mais qui a des vases d'or
» & des pierreries pour les ma-
» nier & s'en resjouir les yeux quand
» il luy plaist. Il faut presentement
» esloigner du discours tout ce qui
» est hors d'usage, & qui sent le
» vieux, il ne faut employer aucun
» mot, où il y ait la moindre tache
» de roüille, nuls sentimens foibles
» & lasches, & qui exprimez sans
» art soient du mesme style que des
» Annales, ou des Journaux. Il faut
» que l'Orateur fuïé toute salle ou
» fade plaisanterie, qu'il varie sa
» composition, & qu'il prenne gar-

de à ne pas terminer toutes ſes «
periodes de la meſme façon. Je «
ne veux pas me moquer icy de *la* «
Roüe de la fortune, *du Droit de* «
Verres & de l'eſſe videatur que «
l'on met à la fin des periodes, & «
par où l'on croit les finir auſſi «
agreablement que par une belle «
penſée. «

LE CHEVALIER.

Voila de terribles coups de dent qu'on donne au Prince des Orateurs; mais qu'eſt-ce que cette Roüe de la Fortune, & ce Droit de Verres; car pour l'*eſſe-videatur* je le connois, & l'on reproche encore tous les jours à Ciceron d'avoir uſé trop frequemment de cette fin de periode.

L'ABBE'.

Cette Roüe de la Fortune eſt un jeu de paroles qu'on trouve indigne de Ciceron ; ce grand Orateur dit, en parlant de Piſon qui dançoit tout * nud dans un festin, que lors mesme qu'il faisoit la piroüette, il ne craignoit pas la roüe de la Fortune ; voulant dire par là que la piroüette que faisoit Pison devoit l'avertir de l'inconstance de la Fortune marquée par la roüe qu'on luy donne. De semblables allusions seroient trouvées encore moins bonnes aujourd'huy que du temps de Quintilien. Pour ce droit de Verres, c'est une equivoque que Ciceron rapporte dans sa premiere action contre Verres, fondée sur ce que le mot Latin *jus* signifie *Droit, Iustice, Iugement*, & signifie aussi *un potage, un boüillon*, & que le mot Verres qui est le Nom de celuy contre qui il plaide signifie *un verrat*. Ciceron dit, que tout le monde estoit scandalisé de la maniere dont Verres rendoit la justice, que *les uns disoient qu'il ne falloit pas s'estonner*

---

* Cumque ipse nudus in convivio saltaret ne tum quidem cum illum suum saltatorium versaret orbem, fortunæ totam pertimescebat. Orat. in Pisonem.

que * des jugemens rendus par Verres fussent si mauvais, ce qui pris dans le sens equivoque que les paroles Latines peuvent recevoir, signifie *qu'il ne falloit pas s'étonner qu'un potage, qu'un boüillon de verrat fût si mauvais*, & que les autres *maudissoient le Prestre qui laissoit vivre Verres qui estoit si méchant*, ce qui signifie dans le sens equivoque, *qu'ils maudissoient le Magistrat nommé le Prêtre qui laissoit vivre un si méchant verrat.*

LE PRESIDENT.

Aper a tort de reprocher ces deux équivoques à Ciceron, puisque Ciceron les trouve fades, & qu'il ne les rapporte que comme un tesmoignage de la mauvaise reputation où estoit Verres.

L'ABBE'.

J'en demeure d'accord, mais le mesme Ciceron en a fait une de son chef, dans sa seconde action contre

---

* Quorum alii, ut audistis, negabant mirandum esse, jus tamnequam esse Verrinum: alii.. Sacerdotem execrabantur qui Verrem tam nequam reliquisset. *Lib. 1. in Verrem.*

Verres, qui n'eſt guere moins froide que ces deux-cy qu'il a blaſmées. Verres voulant cacher une ſocieté illicite & uſuraire qu'il avoit avec Carpinatius en Sicile, avoit fait changer dans les actes de leur ſocieté le nom de Verres en celuy de Verrutius, en effaçant les deux dernieres lettres du mot Verres, & en mettant *utius* en leur place. Cela ne ſe pût ſi bien faire, que par tout où on avoit fait ce changement, il ne paruſt quelques traces de ce qui avoit eſté effacé. *Voyez-vous? Meſſieurs* *, s'eſcrie Ciceron, en monſtrant ces actes de ſocieté, *voyez-vous Verrutius? voyez-vous les premieres lettres toutes entieres? voyez-vous la derniere partie du Nom; cette queuë du verrat cachée comme dans la bouë, ſous la rature?* Cela n'eſt pas aſſeurement fort digne de Ciceron. Mais revenons à ce que dit Aper.

* Videtis verrutium ? videtis primas litteras integras ? videtis extremam partem nominis, caudam illam verris, tanquam in luto, demerſam eſſe in litura ? 1. *In Ver.*

C'eſt

C'est malgré moy, poursuit-il, que je fais de semblables observations, quoy que ce soient là les choses que ceux qui pretendent estre de vrais Orateurs admirent davantage, qu'ils imitent le plus soigneusement, & dont ils se font le plus d'honneur. Vous les connoissés & les voyez tous les jours devant vos yeux, ce sont ces gens qui preferent Lucile à Horace, & Lucain à Virgile, qui ont de l'aversion pour les preceptes de nos Maistres de Rhetorique, & qui admirent ceux de Calvus. Il est vray, que lors qu'ils plaident selon le goust de leur chere & bien aimée Antiquité, personne ne les suit; que le Peuple ne daigne les entendre, & que leurs Cliens mesmes ont de la peine à les souffrir; tant ils sont tristes & negligés, & telle est la maigreur de leurs discours qu'ils refusent de remplir & de nourrir de bonnes choses, pretendant luy acquerir par là une certaine *santé* dont

» ils se vantent ; cependant les Mede-
» cins n'estiment pas une santé qui ne
» vient que d'une grande abstinence,
» c'est peu de n'avoir pas de maladie,
» il faut estre gay, robuste & agile, &
» celuy là est peu different d'un mala-
» de qui ne fait seulement que de ne
» se porter pas mal ; Pour vous, Mes-
» sieurs, qui estes tous Eloquens, ren-
» dés nostre siecle illustre par une
» belle & noble maniere de bien di-
» re, comme vous le pouvez faire ai-
» sement, & comme vous le faites en
» effet tous les jours, car je voy que
» Messala imite admirablement ce
» qu'il y a de plus agreable dans les
» Anciens, & pour vous Maternus &
» Secundus vous joignez si heureuse-
» ment à la gravité des sentimens,
» l'extreme politesse & l'Elegance
» des parolles ; tel est le choix de vos
» inventions & l'ordre que vous met-
» tés dans vos discours ou abondans
» ou resserrez, selon que la matiere
» le demande ; telle est la beauté de
» vostre composition, la clarté des

des Anciens & des Modernes. 219
maximes que vous avancez : enfin «
vous exprimés si naïvement toutes «
les passions, & vous temperés si «
bien l'effort que vous prenez, que «
si la malignité de nostre Siecle re- «
fuse de vous donner les loüanges qui «
vous sont deuës, la Posterité ne «
manquera pas de vous rendre justice. «
Aper ayant fini son discours à peu
prés de cette sorte, Maternus avec
cet air degagé & decisif, que Monsieur le Chevalier a fort bien remarqué, raille Aper de s'estre emporté
contre les Anciens, & luy dit pour
l'appaiser qu'il voit bien qu'il a parlé contre son sentiment. Ensuite s'adressant à Messala, il le prie non
pas de deffendre les Anciens qui se
deffendent assez d'eux-mesmes, mais
de leur dire, d'où vient que l'Eloquence de leur temps est tellement
déchuë de cette grandeur & de cette noblesse qu'elle avoit du temps
de Ciceron, & de leur expliquer les
causes de cette estrange décadence.

K ij

LE CHEVALIER.

Voila se tirer d'affaire en galand homme.

L'ABBE'.

Meſſala repond le mieux qu'il
" peut au diſcours d'Aper, je veux
" bien, dit-il, que Ciceron ne ſoit
" pas ſi l'on le veut un Ancien à noſ-
" tre eſgard, car ce n'eſt qu'une diſ-
" pute de mot, pourveu qu'on avouë,
" & qu'il demeure pour conſtant que
" ſon Eloquence, & celle de ſon temps
" eſt la plus belle & la meilleure de
" toutes les Eloquences.

LE CHEVALIER.

Il a raiſon, & cela ſuffit.

L'ABBE'.

" Je veux bien, encore pourſuit-il,
" qu'il y ait pluſieurs formes d'Elo-
" quences, non ſeulement dans des
" temps differens, mais dans le meſ-
" me ſiecle, pourveu qu'on avouë en

core, que comme Demosthene estoit plus habile qu'Æschine, qu'-
Hyperide, que Lysias & que tous
les autres Grecs qui l'ont precedé
& qui l'ont suivy; de mesme Ciceron surpasse Calvus, Azinius, Cesar, Cælius & Brutus, & tout le
reste des Romains qui ont esté &
qui seront jamais.

LE CHEVALIER.

Cet homme ne s'escarte point, &
va droit à ses fins.

L'ABBE'.

Il est vray, continuë Messala, que
ces grands Orateurs ont dit du mal
les uns des autres, mais cette mé-
disance doit estre regardée comme
un vice de l'homme, & non pas
comme un vice de l'Orateur, ce n'a
esté que la jalousie qui les a fait
parler, à la reserve de Brutus qui a
parlé sincerement, & comme il le
pensoit, & en effet pourroit-on
croire qu'il eust porté envie à Cice-

„ ron, luy qui ne portoit pas envie à
„ Cefar mefme.

LE CHEVALIER.

On peut donc avoir égard au témoignage de Brutus, quand il dit, que Ciceron eft lafche & ereinté. Il y a là de la malice à Quintilien, de faire parler ainfi l'Avocat des Anciens.

L'ABBE'.

„ J'avouë dit Meſſala, que Caſſius
„ Severus qui eſt le feul qu'Aper ait
„ ofé nous nommer, peut eſtre appel-
„ lé Orateur en comparaifon de ceux
„ de fa volée; mais j'efperois qu'Aper
„ nous feroit une longue lifte des ex-
„ cellens hommes d'aujourd'huy, dont
„ l'Eloquence a furpaſſé celle des An-
„ ciens. Il ne l'a pas fait, & moy je
„ vais nommer un grand nombre de
„ ces illuſtres Anciens.... Ah laiſſez ce-
„ la, dit Maternus, & haftez-vous
„ de nous donner fatisfaction. Nous
„ ne fommes que trop perfuadez de la

preference qu'on doit donner aux «
Anciens sur les Modernes. Nous «
vous demandons uniquement, que «
vous vouliés bien nous expliquer les «
causes de la corruption de l'Elo- «
quence.

LE CHEVALIER.

Encore une fois, il y a là de la malice.

L'ABBE'.

Pour ne pas vous ennuyer en demeurant plus long-temps sur ce Dialogue de Quintilien, je vous diray succinctement les causes que Messala rapporte de la decadence du bien dire, elles se reduisent à trois principales. La premiere, de ce que du temps des Anciens, les meres donnoient elles mesmes à teter à leurs enfans, au lieu que depuis on leur a donné des nourrices estrangeres, qui n'estoient souvent que des Païsanes ou des Esclaves. La seconde, que les peres autrefois avoient soin de mener eux-mesmes leurs enfans entendre plaider les grands Orateurs, pour les former à la grande Eloquence, au lieu que dans les derniers temps ils leur ont donné des maistres de Rhetorique. Et la derniere, que les manches des robbes que portoient les Avocats modernes estoient beaucoup plus estroites que n'estoient celles des robbes des anciens Orateurs.

LE CHEVALIER.

Ou je n'ay pas le sens commun, ou ce Dialogue de Quintilien n'est autre chose qu'une satyre contre les anciens Orateurs, quoy qu'il concluë en leur faveur. Les raisons dont il les attaque sont si fortes, & celles dont il les deffend sont si foibles, que je ne doute point qu'il n'ait voulu se vanger par là de l'injustice qu'on rendoit à son siecle. L'Eloquence, dit il, est tombée en décadence, parce que les femmes au lieu de donner à teter elles-mefmes à leurs enfans, les ont mis en nourrice; parce qu'au lieu de mener les jeunes gens entendre ceux qui plaidoient bien, on leur a donné des Maiftres d'Eloquence, & enfin parce que les manches de leurs robes font devenuës beaucoup plus eftroites qu'elles n'eftoient du temps des grands & premiers Orateurs. N'eft-ce pas là une raillerie vifible & manifefte, j'aimerois bien un homme qui ne voudroit pas donner fa caufe à plaider à un de nos meilleurs Avocats, parce qu'il auroit appris que cet Avocat auroit efté mis en nourrice à Vaugirard; qu'au lieu de le mener foigneufement aux Audiences on luy auroit donné un maiftre de Rhetorique, & enfin parce que les manches de fa robe ne feroient pas affez larges.

LE PRESIDENT.

Il eft aifé de tourner tout en ridicule.

L'ABBE'.

Monsieur le Chevalier n'a pas tant de tort que vous pensés : car peut-on croire, que Quintilien qui estoit un Rheteur, ait peu blasmer serieusement la coustume d'envoyer les jeunes gens estudier chez des maistres de Rhetorique.

LE PRÉSIDENT.

Il ne faut que voir comment Petronne commence sa satyre. N'est-
» ce pas, dit-il, du mesme genre de
» fureur que sont agitez les Declama-
» teurs quand ils crient. *J'ay receu ces playes pour la deffence de la liberté publique, j'ai perdu cet œil en combatant pour vous, donnez-moy un guide pour me mener vers mes enfans, car mes jambes affoiblies ne peuvent plus me*
» *soustenir*. Ces choses, poursuit-il, se-
» roient supportables, si elles condui-
» soient les jeunes gens à l'Eloquen-
» ce.

L'ABBE'.

Cet endroit de Petronne est fort agreable, & l'opposition qu'il fait des declamations outrées de quelques Rheteurs, à la maniere sage des grands Orateurs anciens, fait un contraste admirable & tres-plaisant dans une satyre, mais cela ne conclut rien : qui feroit une description naïve du manege des Pages de la Grande Escurie, de leurs voltes, de leurs caracoles, & de ces bonds espouventables qu'on leur fait faire sur un cheval attaché entre deux pilliers, & dont ils picquent la crouppe avec une cheville pour le faire rüer dans le temps qu'il saute, ce qui leur donnent des secousses effroyables ; qui opposeroit, dis-je, ce manege à la marche noble, grave & serieuse d'un Cavallier bien à cheval, feroit un contraste qui ne seroit pas moins plaisant ny moins ridicule. Cependant peut-on dire, que chez le Roy on ne montre pas bien à monter à cheval. Comme il faut rompre le corps des jeunes gens par les exercices violens du manege, pour leur apprendre à bien manier un cheval dans une marche ordinaire ou dans un Carrouzel, il ne faut pas moins rompre en quelque sorte l'esprit des jeunes Orateurs par des sujets extraordinaires, & plus grands que nature, qui les obligent à faire des efforts d'imagination, & qui leur donnent la facilité de traiter ensuite des sujets communs & ordinaires; car rien ne dispose davantage à bien faire ce qui est aisé, que l'habitude à faire les choses difficiles. On imite en cela les Jardiniers qui voulant redresser une jeune plante ne se contentent pas de l'attacher à un appuy qui la tienne droite, mais qui la courbent violemment de l'autre costé, & l'y tiennent long-temps courbée. La Nature qui cherche ses aises ne fait que trop descendre l'Orateur dans les pensées communes &

familieres, il faut que l'Art qui entreprend de luy donner une meilleure forme, le force à s'elever, & mesme si vous voulez à se quinder & à se former des idées un peu outrées pour luy acquerir la facilité d'en avoir de naturelles & de raisonnables. Il n'est pas croyable combien un Orateur accoustumé à donner de l'esprit, de la chaleur & du mouvement aux sujets les plus difficiles, les plus grands & les plus relevez, se rend maistre aifément des matieres faciles & ordinaires, & avec quel bonheur il y repand de la vivacité pour peu qu'il se laisse aller à l'habitude qu'il se sera acquise d'estre fleuri & abondant. C'est donc mal à propos qu'on se plaint que la jeunesse estudie sous des maistres d'Eloquence, & ce ne peut estre de bonne foy que Quintilien ait fait un semblable reproche.

LE CHEVALIER.

C'est comme qui diroit qu'on faisoit autrefois bonne chere quand les Heros faisoient eux-mesmes leur cuisine, ainsi qu'au temps d'Homere, mais qu'on n'a plus rien mangé de bon ny de delicat depuis que des cuisiniers s'en sont meslez.

LE PRESIDENT.

Cependant qui devons-nous mieux en croire là dessus que Quintilien, & tous ceux de son temps qui avoient interest de soustenir le contraire pour leur propre honneur, & peut-il y avoir autre chose que la seule force de la verité qui les ait obligez à en demeurer d'accord.

L'ABBE'.

Oüy, il y a eu autre chose que la force de la verité qui les a fait parler de la sorte. La fortune qu'avoit fait Ciceron par son bien dire, jusques à se voir Consul, c'est à dire, Maistre du monde, avoit mis le feu dans l'esprit de tous les jeunes Orateurs, & un desir demesuré de parvenir au mesme degré d'élevation. Pour cela il falloit deux choses. La premiere se rendre aussi habile que Ciceron, ce qui n'estoit pas sans grande difficulté : La seconde plus difficile encore, surpasser tous ses concurrens. D'aller dire ouvertement qu'on estoit le plus Eloquent Orateur de son temps, cela n'auroit pas reüssi, mais on alloit au mesme but, en disant de toute sa force, que personne ne faisoit plus rien qui vaille dans l'Eloquence, & que les plus habiles estoient bien esloignez de Ciceron. Le goust fin & delicat qui paroissoit dans ce luy qui parloit de la sorte, & que les meilleures choses de son temps ne contentoient pas, le mettoit celuy sembloit au dessus de ses concurrens, & le rangeoit avec ceux du temps passé, dont il admiroit les ouvrages;

desorte qu'à l'egard de ceux qui l'écoutoient, c'estoit la mesme chose que s'il leur eust dit, les Orateurs d'aujourd'huy ne font plus rien qui vaille, & il n'y a que Ciceron & moy qui soyons de vrais Orateurs.

LE CHEVALIER.

Je comprens la chose parfaitement, Horace est divin, & personne n'en approche, c'est à dire, il n'y a qu'Horace & moy qui fassions bien des Odes & des Satyres. Virgile & Theocrite sont inimitables, c'est à dire, il n'y a que Virgile, Theocrite & moy qui fassions bien des Eglogues : La ruse me semble tres-naturelle & tres-vray semblable. Mais je reviens à soustenir, que Quintilien n'est point sincere dans son Dialogue, nous avons veu les coups de dent qu'il a donnez à Ciceron, il le fait appeller languissant, foible & erinté par Brutus mesme, qui n'avoit pour Ciceron ny haine ny jalousie, il se moque de sa roüe de fortune de son droit de Verrès & de son *esse videatur*. Il dit, que ses premiers ouvrages sont ennuyeux, & que ce n'a esté que sur la fin de sa vie qu'il a commencé à sçavoir ce que c'est qu'Eloquence, qu'il n'y a rien dans ses Oraisons qui merite d'estre retenu par cœur, & qu'on puisse remporter chez soy. Les loüanges qu'il luy donne ensuite, si on y regarde de prés ne luy font pas beaucoup d'honneur; il dit qu'il est le premier qui a eu du choix pour les parolles, qui a eu de l'art dans la composition, qui a attrappé quelques endroits agreables, & qui a eu de beaux sentimens. Dire que c'est luy qui le premier a possedé & pratiqué toutes ces choses, n'est-ce pas dire que d'autres, depuis luy, les ont possedées en un plus haut degré de perfection ?

L'ABBE'.

Quintilien dit une chose au commencement de ce Dialogue, qui favorise bien la pensée de Monsieur le Chevalier ; il dit qu'on ne donnoit plus le nom d'Orateur à ceux de son temps, comme ne le meritant pas, ce qui n'a pû estre dit qu'avec indignation par un homme comme Quintilien. Cette indignation paroist encore bien manifestement quand il fait dire ces parolles à Messala *je voudrois bien que quelqu'un se donnast la peine de chercher la cause de cette difference infinie* qui se trouve entre les Anciens & les Modernes ; encore une fois Quintilien qui estoit tres-Eloquent, n'a pû dire qu'avec indignation & avec colere, qu'il y avoit une distance *infinie* entre ses ouvrages & ceux de Ciceron.

LE PRESIDENT.

Si c'estoit dans ce seul Dialogue que Quintilien eust elevé Ciceron, & ceux de son temps au dessus de tous les Orateurs qui les ont precedez & qui les ont suivis, j'écouterois les soupçons que vous avés de sa bonne foy, mais il s'en est expliqué de la mesme sorte en tant d'autres endroits, que c'est se moquer de vouloir douter de ses veritables sentimens.

L'ABBE'.

Je croy que vous avez raison, cependant il est tres-possible que Monsieur le Chevalier n'ait pas tort, & que Quintilien se soit laissé emporter au torrent. Comme c'estoit là l'opinion commune de son temps, & qu'il n'y avoit qu'un petit nombre de gens comme luy, qui sceussent ce qu'il en falloit croire, peut-estre a-t'il cru ne devoir s'appliquer qu'à bien dire, & en bon termes, ce qu'il sçavoit devoir plaire à la Multitude, enquoy il auroit fait en homme sage. Il y a apparence qu'Horace fin comme il estoit, a connu aussi bien que nous le galimatias impenetrable de Pindare, mais parce que la plufpart de ceux de son temps en étoient encore entestez, il n'a pas laissé de composer une tres-belle Ode à sa loüange. Que luy importoit que Pindare la meritaſt ou ne la meritaſt pas, pourveu que l'Ode fût bien faite & bien Poëtique? les gens ſages qui aſpirent à quelque choſe ne s'aviſent point de choquer les opinions receuës, il faut aller le train des autres, loüer ce qui eſt loüé de tout le monde, afin d'eſtre auſſi loüé à ſon tour, & pouveu que les loüanges ſoient fines & delicates, ne ſe ſoucier point du reſte. Si je viſois à quelque choſe, je me donnerois bien de garde de parler comme je fais des Anciens & des Modernes. Mais pendant que nous avons la memoire toute fraîche des plus beaux endroits de Demoſthene & de Ciceron; voulez-vous bien que nous liſions quelque choſe des Orateurs modernes, pour voir quelle difference nous trouverons des uns aux autres. Voicy les Harangues de Mr. le Maiſtre. Ce ſont les Harangues que fit ce celebre Avocat, en preſentant les Lettres de Monſieur le Chancellier Seguier, au Parlement,

des Anciens & des Modernes. 237

à la Chambre des Comptes, & à la Cour des Aydes. Elles sont toutes trois sur le mesme sujet, & rien n'est plus surprenant que la grande varieté qui s'y trouve. Quand on en a lû une on croit la matiere epuisée, & l'on ne peut trop s'estonner en lisant les deux autres d'y rencontrer tant de loüanges toutes nouvelles ; cela estoit plus mal-aisé que de trouver toûjours de nouvelles injures contre Verres, ou contre Antoine. Voicy le commencement de la premiere de ces trois harangues. Messieurs, si c'est une « grande gloire à Monsieur le Chan- « cellier, d'avoir esté honnoré de la « premiere Charge de France, par le « plus grand Prince de la Terre, & « un comble de bonheur d'y estre re- « ceu dans cet auguste Parlement, « où ses Ancestres & luy se sont ren- « dus si celebres. Ce m'est aussi une « heureuse occasion d'avoir à loüer « ces hommes illustres devant de si « sages Magistrats, & un extreme « avantage de rencontrer pour juges «

"de leurs loüanges les témoins mef-
"mes de leurs vertus. Car la connoif-
"sance que vous avés de leurs rares
"qualités m'oste l'apprehension que
"leurs Eloges soient suspects de flat-
"terie, & que l'on m'accuse de faire
"injure à la verité pour rendre des
"honneurs à leur merite. Je ne dois
"pas estre en peine, Messieurs, de
"persuader vos esprits puisque les
"belles actions de ces grands per-
"sonnages possedent dans vostre me-
"moire une place si eminente, que
"les morts y vivent encore, & que
"les vivans s'y sont acquis une repu-
"tation immortelle. De sorte que
" l'estime extraordinaire que vous fai-
" tes d'eux ne me permettant pas de
" craindre que l'on me blasme d'ex-
" cez, il ne me reste que la peur de
" tomber dans le defaut & de ne pou-
" voir rendre leur vertu aussi eclatan-
" te avec des ornemens estrangers,
" quelle vous a paru jusqu'à present
" avec ses seules beautez naturelles.
" Mais j'ay cette satisfaction que ma
" foiblesse ne fera point de tort à

Monsieur le Chancellier ny à ses «
predecesseurs. Si je ne trace qu'im- «
parfaitement l'image de leurs glo- «
rieuses vies, celle que vostre souve- «
nir vous represente en reparera les «
manquemens : Ces grands hommes «
trouveront dans vos pensées ce «
qu'ils ne peuvent attendre de mes «
paroles, & recevront de vostre ju- «
gement un honneur plus solide & «
plus durable, que le lustre qu'ils «
pourroient recevoir des plus vives «
lumieres de l'Eloquence. «

Encore que la qualité de Minis- «
tre & de premier Officier de la «
Couronne, soit plus relevée que «
toutes les Charges du Royaume, «
Monsieur le Chancellier toutefois «
estime qu'il ne luy est pas moins «
honnorable, d'avoir eu de son nom «
des Avocats Generaux, des Mais- «
tres des Requestes, & plusieurs «
Presidens en ce Parlement, que «
d'estre aujourd'huy Chancellier de «
France ; parce que ses Peres ont «
possedé ces Charges par leur meri- «

„ té, & que sa modestie luy fait croi-
„ re qu'il ne tient la sienne que de la
„ grace de sa Majesté. Mais je croy
„ pouvoir dire, que l'honneur qu'il
„ tire de sa naissance n'est pas telle-
„ ment à luy, que cette Compagnie
„ n'y prenne beaucoup de part; &
„ qu'ainsi que les Fleuves n'appartien-
„ nent gueres moins au lit où ils cou-
„ lent, qu'à la source d'où ils sortent,
„ de mesme le merite & la suffisance
„ de ses ancestres sont des biens pres-
„ que aussi propres à ce Parlement où
„ ils ont paru avec tant de gloire, qu'à
„ la famille qui les a produits. Ils doi-
„ vent à la splendeur de cette Cour
„ une partie du lustre de leur vertu,
„ à l'exemple de tant d'excellens Ma-
„ gistrats, l'eminence de leur probi-
„ té, & à l'esprit de sagesse & de Justi-
„ ce qui anime cet illustre Corps, la
„ prudence de leurs conseils & l'equi-
„ té de leurs jugemens. C'a esté en
„ ce Parlement, Messieurs, que Mes-
„ sire Pierre Seguier, ayeul de Mon-
„ sieur le Chancellier, issu de la noble

ble & ancienne famille des Seguiers « de Languedoc, dont il y a eu des « Senechaux de Querci & des Presi- « dens au Parlement de Thouloufe, « commença de faire paroiftre fa « fuffifance en la Charge d'Avocat « General, il y a prés de cent ans. C'a « efté en ce lieu mefme qu'il a pro- « noncé des paroles, dignes de la « grandeur des Juges qui les ont oüies, « de l'intereft de l'Eftat qu'il a deffen- « du, & de la Majefté du Prince pour « lequel il a parlé. Il fe voit, Mef- « fieurs, par vos Regiftres, qui font « les plus fideles tefmoins des chofes « paffées, que fes actions publiques « luy ont donné rang entre les pre- « miers hommes de fon fiecle, & que « la prudence & le courage avec lef- « quels il parla fur le fujet du diffe- « rent du Pape Jule troifiéme, & du « Roy Henry fecond, luy ont fait « meriter auffi juftement les loüan- « ges de la pofterité, que les applau- « diffemens de fes auditeurs. On ap- « perçoit dans fes difcours la renaif- «

» ſance des Lettres humaines en ce
» Royaume. Il a eſté l'un de ceux qui
» à l'exemple de Caton ne ſe ſont pas
» contentés de l'Eloquence de leur
» ſiecle; qui ont formé de plus belles
» idées que celles qu'ils avoient re-
» ceuës & excité l'emulation de leurs
» ſucceſſeurs, aprés avoir ſurpaſſé les
» ouvrages de leurs Peres. Dans les
» fonctions éclatantes & laborieuſes
» de cette Charge, il acquit une tel-
» le reputation de ſcience & de probi-
» té, que le Roy Henry ſecond re-
» compenſa ſes travaux de celle de
» Preſident de la Cour, voulant qu'a-
» prés avoir ſervy de Langue à la Veri-
» té, il fuſt un des plus nobles orga-
» nes de la Juſtice; honneur que non
» ſeulement il meritoit, mais qu'il
» n'obtint que par ſon merite; qu'il
» n'achetta qu'avec le prix de ſa ſuf-
» fiſance & de ſa vertu, qu'avec cet or
» divin, dont parle Platon, que le
» Soleil ne forme point dans la Ter-
» re, mais que Dieu repand du Ciel
» dans les ames heroiques. Durant

l'espace de prés de trente ans qu'il a «
exercé cette dignité si relevée, ce «
Parlement a souvent emprunté son «
Eloquence, pour rendre raison de «
ses deliberations à trois de ses Sou- «
verains, & vos Registres nous ap- «
prennent qu'il n'a pas moins sceu «
parler aux Rois, que juger les par- «
ticuliers ; qu'il esmût le cœur de «
Charles IX. par la sincerité de «
ses discours ; qu'il persuada son es- «
prit par la gravité de ses paroles, «
& qu'il le mit mesme dans l'admira- «
tion & dans le silence, par la mo- «
deste generosité de ses responses. «
Mais il ne s'est pas contenté d'estre «
sage en l'administration des choses «
civiles & vertueuses, comme l'ont «
esté les Grecs & les Romains ; il a «
particulierement estudié cette hau- «
te Philosophie, que Socrate n'a pas «
fait descendre du Ciel en Terre, «
mais que Dieu mesme y a apportée: «
Il a eslevé ses desirs & ses esperances «
au dessus du monde & de la Nature: «

„ Il s'eſt efforcé de connoiſtre Dieu, *
„ qui par ſa grandeur eſt inconnu aux
„ hommes, & de connoiſtre l'hom-
„ me, qui par ſa vanité eſt inconnu à
„ ſoy-meſme : Il a tracé pour l'inſ-
„ truction de ſes enfans les preceptes
„ ſi neceſſaires de cette divine con-
„ noiſſance : Il leur a laiſſé un Teſ-
„ tament ſemblable à celuy de ces
„ anciens Patriarches, où il n'ordon-
„ ne pas le partage de ſes biens, mais
„ où il leur monſtre le chemin de leur
„ ſalut, où il ne les appelle qu'à la ſuc-
„ ceſſion des richeſſes eternelles, & ne
„ travaille à les rendre heritiers que
„ de Dieu meſme. Sa pieté, Meſſieurs,
„ a eſté recompenſée par le nombre
„ de ſes enfans, par leurs honneurs
„ & par leur vertu. Il laiſſa ſix fils
„ qui tous, &c.

* Il a fait un livre intitulé *Rudimenta cognitionis Dei & ſui*.

LE CHEVALIER.

Voilà qui me plaiſt, voilà qui me remplit l'eſprit agreablement, & voilà comme je veux que l'on parle, cela eſt abondant ſans eſtre diffus, ſublime ſans eſtre obſcur & vigoureux ſans eſtre emporté.

L'ABBE'.

Il faut remarquer qu'il y a plus de cinquante ans que ces harangues ont eſté faites, & que cependant elles ſont dans une auſſi grande pureté de ſtyle, que ſi elles venoient d'eſtre compoſées. C'eſt une choſe admirable, que cet excellent homme ait ſceu non ſeulement ſe deffendre des vices de ſon temps, & de la barbarie qui regnoit encore dans le langage; des jeux de mots, des antitheſes, du galimathias & du Phœbus qui faiſoit alors les delices de l'Orateur & de ſes Auditeurs, mais que par la force de ſa raiſon il ait préveu, & ſaiſi par avance la maniere parfaite de s'exprimer, qui n'a esté en usage qu'aprés une longue suite d'années. Quand je songe que cette Eloquence toute extraordinaire qu'elle est, a esté peut-estre une de ses moindres qualités, & que par une humilité sans exemple, il a renoncé à ce precieux don de la parole, par la seule raison qu'il alloit le combler d'honneurs & de richesses, je ne puis me faire une assez grande idée de cet homme admirable, & quelque justice que la France ait renduë à son merite, on n'y a point fait encore assez d'attention. Quoy qu'il en soit je ne hesite pas à opposer ce seul Orateur aux plus excellens Orateurs d'Athenes & de Rome.

LE PRESIDENT.

Faites-vous reflexion à la vaste estenduë des Empires où ont fleury Ciceron & Demosthene, & songez-vous qu'il en est des grands esprits comme des grands poissons, que les uns ne se trouvent que dans les grands Estats, de mesme que les autres ne se rencontrent que dans les grandes mers.

L'ABBE'.

Il n'est point vray, que la grandeur des poissons se proportionne à la grandeur des eaux où ils vivent, si cela estoit ainsi, les poissons de l'Occean seroient cent fois plus grands que ceux de la Mediterranée. Que s'il y a de grandes Baleines dans l'Occean, & qu'on n'en trouve pas dans les autres mers, ce n'est point à cause de sa vaste estenduë, mais parce que l'Occean s'estend vers le Pole, & que les Baleines deviennent beaucoup plus grandes sous les climats froids que par tout ailleurs, car si l'estenduë des eaux y faisoit quelque chose, il devroit y avoir de bien plus grands monstres dans la mer Atlantique que dans la Manche, & sous le Pole où les mers sont plus resserrées.

A l'égard des esprits s'il estoit vray, que la grandeur des Estats en reglast absolument la force & l'estenduë, comme l'Empire Romain s'est beaucoup augmenté depuis la mort de Ciceron, il devroit s'estre elevé dans la suite des Orateurs plus excellens que luy, ce qui n'est pas selon vostre systeme. Il faut à la verité, que les Royaumes soient florissans pour produire de grands hommes, & particulierement de grands Orateurs, mais leur degré d'excellence ne suit pas exactement l'estenduë Geographique des Estats; & en effet, que pouvoit influer sur l'Eloquence du temps d'Auguste & des Empereurs qui l'ont suivy, la conqueste d'une Province dans les extremitez des Indes.

LE PRESIDENT.

Je veux bien que les conquestes dont vous parlez n'augmentassent pas le nombre des bons esprits qui brilloient dans Rome, mais plus les

Eſtats ſont grands & eſtendus, plus les intereſts pour leſquels on plaide, ſont conſiderables, de meſmes que les recompenſes que peuvent eſperer les Orateurs. L'on ne peut pas diſconvenir, que ces deux choſes ne contribuent infiniment à la grandeur de l'Eloquence.

L'ABBE'.

L'importance des matieres dont on parle fait à la verité paroiſtre davantage l'Eloquence, mais elle ne l'augmente pas.

LE CHEVALIER.

C'eſt comme dans le jeu où l'importance & la valeur de ce qu'on jouë ne rend pas les joüeurs plus habiles, quoy qu'on prenne plus de plaiſir à voir de mediocres joüeurs qui joüent grand jeu, que des joüeurs excellens qui ne joüent que pour ſe divertir.

L'ABBE'.

Vous devez de plus considerer, Monsieur le President, que vous n'y trouverez pas voſtre compte, ſi vous faites reflexion ſur l'importance des matieres que traitent nos Predicateurs. Pour ce qui eſt des recompenſes, il eſt vray qu'on a veu dans l'antiquité de grands Orateurs parvenir à de grandes dignitez, & que l'Eloquence de Ciceron a beaucoup ſervy à le faire Conſul; mais j'ay à dire, que ce n'a jamais eſté la penſée ny l'eſperance de devenir Conſul qui ont animé Ciceron à l'eſtude de l'Eloquence, de meſme que ce ne ſont point les grands eſtabliſſemens qui donnent d'abord du mouvement & du courage à ceux qui commencent à travailler à leur fortune.

LE CHEVALIER.

Il eſt vray, que pas un des gens d'affaires n'a commencé par avoir en veuë les Palais magnifiques qu'ils habitent, ny les pompeux equipages dont ils se servent. Ils ne se sont levez tous les jours à cinq heures, & n'ont eu soin de bien tenir leurs Regiſtres que pour parvenir à avoir un bidet & un appartement propre, & quand mesme ils auroient creu en demeurer là, ils n'auroient pas esté moins vigilans ny moins soigneux de leur devoir.

L'ABBE'.

L'ame n'est point emeuë fortement par les objets trop eloignés & le seul bien qui se presente comme prochain est ce qui fait la forte impression. Peut-on s'imaginer qu'un jeune homme qui se destine à la predication ne s'applique pas de toute sa force à son estude par le seul plaisir d'y reussir, & peut-on croire qu'il se relasche de son travail, parce qu'il songe qu'il ne luy en reviendra peut-estre qu'un Evesché. Je puis soustenir encore, que si l'on considere à combien de dignitez & d'eſtabliſſemens inconnus aux Anciens l'Eloquence a conduit les hommes en ces derniers temps ; combien elle a fait d'Abbez, d'Eveſques & de Cardinaux, & que quand on dit des Cardinaux on dit des hommes, qui peuvent pretendre à la premiere place du monde ; je puis, dis je, ſouſtenir qu'il y a lieu de feliciter l'Eloquence plus que jamais, ſur le nombre & ſur la grandeur de ſes recompenſes.

LE PRESIDENT.

Je conviens que l'Eloquence n'eſt pas toûjours inutile à ceux qui la poſſedent, mais il arrive preſque toûjours, que lorſque nos Orateurs ont obtenu par ſon moyen ce qu'ils avoient en veuë, ils l'abandonnent entierement, & ne ſongent qu'à joüir de leur recompenſe. Au lieu que plus les Anciens s'eſtoient eſlevez par leur bien dire, plus il le cultivoient pour ſe maintenir dans le poſte avantageux où il les avoit placez.

LE CHEVALIER.

Il eſt vray, qu'on a pris plaiſir de comparer quelques-uns de nos Orateurs à des chiens qui n'aboyent plus auſſi-toſt qu'on leur a jetté le morceau que l'on leur montroit; mais ce n'eſt qu'une pure plaiſanterie, & ces meſmes Orateurs font bien voir l'injuſtice de ce reproche quand les emplois penibles dont on les a chargez leur permettent de faire paroiſtre leur Eloquence en des ſujets qui le meritent.

LE PRESIDENT.

Il faut conſiderer quelle grandeur de courage donnoit aux Orateurs l'eſtat libre des Republiques où ils vivoient, & il faut demeurer d'accord, que la domination des Empereurs & des Rois qui a mis des bornes à toutes choſes, en a mis auſſi de tres-eſtroites à l'Eloquence.

Les égards qu'on doit avoir quand on parle en public contraignent le genie & refferrent le feu des Orateurs les plus differts & les plus vehemens.

L'ABBE'.

Il est vray, que sous les Empereurs Romains, le meftier d'Orateur n'a plus efté si bon qu'il l'eftoit fous la Republique ; mais on le sçavoit mieux affurement, parce qu'on avoit eu le temps de s'y perfectionner davantage. D'ailleurs est-ce que l'Eloquence n'est faite que pour emouvoir ou pour appaifer des feditions, & parce que la jufte & legitime domination des Princes qu'il plaift au Ciel de nous donner pour noftre bien, nous maintient dans la joüiffance d'un doux & paifible repos, ny aura-t'il plus lieu d'exercer la belle Eloquence, les Princes empefchent-ils les Avocats de deffendre fortement les Innocens, & d'attaquer vigoureufement les Coupables. Au lieu des feditions qu'il falloit emouvoir ou appaiser du temps des Republiques anciennes, nos Predicateurs n'ont-ils pas lieu d'employer les mesmes figures de Rhetorique, ou à exciter les pecheurs à secoüer le joug de leurs passions tyranniques, ou à calmer les troubles que ces mesmes passions eslevent continuellement dans le fond de leurs ames. Jamais les matieres n'ont esté plus heureuses pour l'Eloquence puisqu'elles ne sont pas de moindre importance que le salut & la vie eternelle. Les Panegyriques des Saints & les Oraisons funebres, matieres dont les unes n'ont point esté connuës des Anciens, & les autres ne l'ont esté que tres-peu, ne donnent-elles pas à l'Eloquence dequoy s'exercer dans l'Art de donner des loüanges & de s'y exercer plus frequemment & plus heureusement qu'elle n'a jamais fait.

LE PRESIDENT.

Pour sçavoir à quoy nous en te-

tenir jugeons des choses par leurs effets, faites moy voir que nos Orateurs remuënt des Peuples entiers, & qu'ils soient maistres de la paix & de la guerre, que l'on faisoit, ou que l'on ne faisoit pas autrefois, selon qu'il leur plaisoit de le persuader.

L'ABBE'.

La grandeur de l'effet n'est pas toûjours une marque de la grandeur & de la force de la cause, une voix foible peut paroistre beaucoup dans un lieu resonnant, pendant qu'une voix beaucoup plus forte paroistra moins dans un lieu sourd qui amortit le son ; un grand vent ne fera que de tres-petits flots sur un étang ou sur un lac, lors qu'un vent mediocre elevera sur l'Occean des vagues épouventables. Cela est particulierement vray dans l'Eloquence, où rien ne contribuë tant à luy faire produire de grands effets, que le grand nombre & l'affluence des Auditeurs; ainsi bien loin que ces mouvemens dont on nous parle, causés par les Orateurs, au milieu d'une nombreuse populace, doivent nous faire rien conclure à leur avantage, il y a lieu de croire, que s'ils n'avoient eu qu'un mediocre Auditoire, leur Eloquence n'auroit eu aussi qu'un succez mediocre. Cependant je veux bien, si vous le voulez, que nous ayons égard aux effets de l'Eloquence des Anciens & de celle des Modernes, pour juger de leur force & de leur excellence. Croyez-vous que ce que font tous les jours nos excellens Predicateurs ne soit pas preferable à ce qu'on nous raconte des Anciens. Ce n'est point une populace inquiete & tumultueuse qui les écoute. C'est une Assemblée grave & sage, où il y a un nombre infini d'honnestes gens, dont une grande partie n'ont guere moins de lumiere & d'habileté que le Predicateur mesme, qui assis & tranquilles examinent jusqu'à ses moindres parolles, & qui sur des matieres dont l'Esprit, le Cœur & la Raison ont tant de peine à s'accommoder, parce qu'elles combattent leurs sentimens, leurs inclinations & leurs préjugez, sortent de l'Auditoire, convaincus des veritez les plus incomprehensibles, desabusez de leurs plus anciennes préventions, & resolus de combatre les inclinations de leur cœur les plus cheres & les plus tendres. Faire ces sortes de conquestes est quelque chose de bien plus beau & de bien plus difficile, que de faire prendre ou quitter les armes à un peuple qui va comme on le pousse pour peu qu'on le prenne, parce qu'il aime ou parce qu'il craint. Mais quand il seroit vray, que l'Eloquence des Anciens Orateurs fit plus d'effet sur l'esprit des peuples de leur temps, que nos Orateurs n'en font sur nous, cela ne prouveroit pas tant que leur Eloquence fust plus excellente que la noſtre, comme ce ſeroit une marque, que les hommes des premiers ſiecles peu inſtruits & peu raffinez eſtoient plus faciles à émouvoir & à conduire par un Orateur que nous ne le ſommes aujourd'huy. Ariſtote dit au commencement de ſa Rhetorique, que dans l'Areopage on deffendoit aux Orateurs de dire rien de pathetique, & qui puſt émouvoir les Juges. N'eſtoient-ce pas là de bonnes gens, & n'eſt-il pas plus naturel de conclure de là, que ces Juges eſtoient bien ſimples que d'en inferer que les Orateurs fuſſent bien fins & bien habiles. Quand on veut juger de l'Eloquence, il faut non ſeulement mettre à part le merite des choſes dont elle traite, & la dignité des perſonnes qu'elle louë ou quelle blaſme; mais tout ce qui n'eſt pas eſſentiel à l'Eloquence. En un mot, l'Eloquence ne depend point de la matiere dont elle parle; mais de la maniere dont elle en parle.

LE CHEVALIER.

Si l'Eloquence dependoit de la matiere, il faudroit dire qu'une lettre de Change de cent mille écus feroit plus eloquente que toutes celles de Pline & de Ciceron, puis qu'on ne peut pas douter qu'elle ne fuft beaucoup plus perfuafive. Il faudroit dire auffi qu'un billet de pareille fomme payable au porteur feroit plus eloquent que tous les billets doux les plus fpirituels & les plus galans qu'on ait jamais écrits.

L'ABBE'.

Il n'y a que la maniere de penfer & d'exprimer les chofes qui conftitüe proprement ce qu'on appelle Eloquence; je doute mefme qu'il fallut avoir egard à la prononciation, quoy que Demofthene la regarde comme la partie principale d'un difcours. La raifon que j'en ay, c'eft qu'elle abandonne l'ouvrage dés qu'il eft prononcé & qu'elle ne paffe pas avec luy dans les Siecles suivans. Ainsi elle peut estre consideré comme un avantage qui rend l'homme Eloquent, mais qui ne fait pas que son discours en soit en luy-mesme plus eloquent & plus pathetique. Je diray encore à ce sujet, qu'il se peut faire, que Demosthene estoit beaucoup plus Eloquent que ses ouvrages. Il avoit une prononciation extremement avantageuse qui donnoit de la force & de l'autorité aux moindres choses qu'il disoit & c'est sans doute pourquoy nous ne trouvons pas dans ses Oraisons les mesmes beautez qu'y trouvoit le Peuple d'Athenes, car le Peuple est plus sensible à cette partie de l'Orateur qu'à toutes les autres. Et c'est sans doute aussi pourquoy Demosthene a dit, que l'Eloquence ne consistoit que dans la prononciation.

LE CHEVALIER.

J'ay veu un Predicateur qui n'avoit pas le sens commun, mais qui avoit un organe admirable. Dans l'Eglife où je l'oüis prefcher, qui eftoit fort vafte; il n'y avoit pas un feul endroit où on n'entendît tres-diftinctement toutes les fillabes des mots qu'il prononçoit, mais il n'y avoit auffi aucun endroit dans l'Eglife où on pût comprendre un feul mot de ce qu'il vouloit dire; on y crevoit, & les Auditeurs fe difoient l'un à l'autre, il ne faut point dire, voilà le Roy des hommes, on n'a jamais prefché de cette force.

L'ABBE'.

Cependant fi vous le voulez nous tiendrons compte aux Anciens de leur prononciation, dont ils ont fait tant de cas, & des geftes mefmes dont ils l'accompagnoient; car fi nous voulons eftre équitables, nous trouverons qu'en cela les Modernes ne leur font point inferieurs.

LE CHEVALIER.

J'ay oüy dire, que les Anciens chantoient plus qu'ils ne prononçoient, & qu'ils avoient mesme derriere eux des joüeurs d'instrumens qui leur donnoient le ton, j'ay veu Harlequin representant l'Orateur Nazagoras, & tenant un violon où il cherchoit les tons qu'il devoit prendre. Il n'a fait apparamment cette plaisanterie, que parce que les Anciens Orateurs avoient accoustumé d'en user ainsi.

L'ABBE'.

Rien n'est plus vray, que c'estoit l'usage chez les Anciens, & que s'ils n'avoient pas toûjours derriere eux des joüeurs d'instrumens quand ils parloient en public, ils en avoient chez eux pour estudier leur prononciation.

LE CHEVALIER.

J'admire, que les Amateurs de

l'Antiquité appellent nos plus celebres Avocats brailleurs, parce qu'ils parlent quelquefois un peu haut & avec chaleur ; ce qui n'arrive pourtant guere, que quand les Juges sont aux opinions, & qu'ils n'en seroient pas entendus s'ils n'élevoient leurs voix; & que ces mesmes Amateurs de l'Antiquité soient charmez quand ils lisent, que Demosthene faisoit trembler tout son Auditoire par la véhemence de sa prononciation. On dit encore que les gestes des Anciens estoient terribles à voir, qu'ils alloient & venoient dans leurs tribunes aux harangues remuant les bras & les jambes tout à la fois, frappant des pieds & des mains, & & criant de toute leur force, ensorte qu'il n'y avoit pas moyen de resister à leur Eloquence. Il faut bien qu'il en soit quelque chose, car il n'est pas croyable combien on resiste facilement aujourd'huy à cette mesme Eloquence denuée qu'elle est de ces grands secours

cours de la voix & des gestes.

L'ABBE'.

Il y auroit de la temerité à blâmer la prononciation & les gestes des anciens Orateurs puis qu'il n'est pas possible de nous en faire une veritable idée, ce qu'on peut dire, c'est que si ces manieres outrées & vehementes plaisoient aux hommes de ces temp-là, elles ne plairoient pas assurement dans nostre Siecle, & sur tout en France, où l'on veut que tout soit aisé & naturel, & renfermé dans les bornes de la raison. Je ne comprens pas comment des gens aussi fins & aussi delicats qu'on pretend l'avoir esté les Grecs & les Romains s'accommodoient d'un Orateur qui crioit & qui se tourmentoit de la maniere qu'on nous le fait entendre, rien ne doit estre plus insupportable à des gens delicats qu'une voix trop éclatante, & des gestes immoderez qui marquent pour l'ordinaire de l'indiscretion ou du manque de respect dans celuy qui parle. Combien une voix proportionnée au lieu & au nombre des Auditeurs, & une action modeste où il n'entre de mouvement soit du corps, soit des bras ou des mains qu'autant que le demandent les choses que l'on dit, ont elles plus de force & d'agrement? Les emportemens de la voix & du geste ne peuvent estre soufferts qu'en de certaines occasions qui sont tres-rares, & ils ne peuvent regner dans tout un discours, sans fatiguer & mesme sans offenser les Auditeurs, qui pretendent avec raison, que le respect qui leur est dû ne permet pas à l'Orateur de prendre à tous momens l'air & le ton de maistre.

LE PRESIDENT.

Est-ce que nos plus excellens Predicateurs n'en usent pas de la sorte, ne les voit-on pas à tous momens se tourmenter dans leur chaire, & faire plus de bruit que n'en ont jamais fait les plus vehemens Orateurs de l'Antiquité.

LE CHEVALIER.

Nous en avons connu un qui eſtoit parfaitement de ce caractere, une infinité de Gens y courroient & en eſtoient charmez, pour moy je n'en fûs point touché du tout, & la ſeule bonne reſolution que je fis à ſa predication, fut que je ne retournerois jamais l'entendre.

L'ABBE'.

Quoy que ces ſortes d'emportemens ſoient permis & ſouvent meſme tres-utiles dans la predication, ils peuvent eſtre trop frequens, & quelquefois hors de propos. Mais il y a une grande difference entre nos Predicateurs & les Orateurs Anciens, ceux-cy ne parloient que pour des hommes & pour des intereſts purement humains, nos Predicateurs parlent de la part de Dieu

& du salut eternel, & ils en parlent à des Auditeurs qui doivent un respect infiny aux veritez qu'ils leur annoncent : Ils viennent nous expliquer les bontés ineffables du Createur du Ciel & de la Terre, nous reprocher nos-ingratitudes ; & nous representer les chastimens qu'elles meritent, on ne regarde point ce que ces Orateurs sont par eux-mesmes ; mais la seule grandeur de leur ministere qui les esleve infiniment au dessus des Rois mesmes qui les escoutent. C'est à de tels Orateurs que sied bien quelquefois une prononciation vehemente & des gestes un peu violens, lorsque le zele du Seigneur dont ils soustiennent les interests les anime avec justice contre nos crimes & contre nos impietez ; avec tout cela il leur sied mieux pour l'ordinaire d'avoir de la moderation dans leur voix & dans leurs gestes, & ils entrent plus aisement dans le cœur quand ils s'en approchent avec des parolles d'amour & de charité, que quand ils l'attaquent de vive force par des reproches & par des menaces. Quoi qu'il en soit, puisque les Grecs & les Romains aimoient la vehemence, & dans la voix & dans les gestes, je me contente de blasmer leur goust encore peu delicat sur ces sortes de choses, & pour les Orateurs bien loin de les reprendre je les louë de s'estre conformez à leurs Auditeurs.

LE PRESIDENT.

Si les choses vont comme vous le dites, nos Orateurs sont bien aimez du Ciel de pouvoir se rendre si habiles en travaillant si peu pour le devenir, & les Anciens estoient bien malheureux de se donner autant de peine qu'ils faisoient pour n'estre que mediocres comme vous le pretendez. Voyons ce qu'ont fait Demosthene & Ciceron pour se rendre Eloquens. Quoy qu'ils eussent du costé de la Nature tout ce qu'elle peut donner à ceux qu'elle aime,

M iij

bon sens, genie, vivacité, bonne mine, beau ton de voix, en un mot tous les talens de l'esprit & du corps; voyons leurs estudes, leurs voyages & leurs exercices. Demosthene commença par s'interdire tous les plaisirs & tous les divertissemens de la jeunesse dans une Ville où ils se presentoient à luy de tous costez, il choisit, au lieu de la maison de Phryné l'Ecole de Platon, il ne se donnoit de relasche que dans les entretiens des plus grands Philosophes de son temps. Pour s'imposer la necessité d'une longue retraite où il vaquast sans interruption à l'estude de l'Eloquence, il se raza la moitié de la teste, afin que si le desir de rentrer dans le commerce du monde venoit à le prendre, il en fust retenu par la honte de la deformité de sa chevelure. Il alloit declamer sur le bord de la mer pour s'aprivoiser par le bruit des vagues aux emotions du peuple & au bruit des grandes Assemblées. Il parloit avec vehemence en montant sur des lieux fort escarpez pour se fortifier la voix, & il s'emplissoit la bouche de petits cailloux en declamant pour corriger la pesanteur de son organe, & la difficulté qu'il avoit à prononcer certaines lettres. Ciceron dés son enfance apprit parfaitement la Langue Grecque, & il eut toûjours auprés de luy les plus grands hommes qu'il y eut de son temps en Eloquence, & en Philosophie; il fit mesme un voyage à Athenes pour aller sur les lieux puiser ce qu'il y a de plus fin & de plus curieux dans toutes les Sciences. Voilà une partie de ce qu'ont fait ces deux grands Orateurs pour l'estude de l'Eloquence, & ce qui sert à nous rendre croyable, le degré de perfection où ils sont parvenus, & voilà ce que ne font point les Orateurs de nostre temps, & ce qui peut servir à diminuer l'estonnement où nous devons estre de voir leur Eloquence si inferieure à celle de ces grands hommes.

L'ABBE'.

J'eſpere vous faire voir, que la maniere dont on ſe prend aujourd'huy à eſtudier l'Eloquence eſt auſſi bonne & meilleure meſme que celle des Anciens. Eſt-ce que ceux qui veulent exceller dans la Chaire ou dans le Barreau ne ſe retirent pas des Compagnies de plaiſir, pour lire, pour compoſer & pour déclamer, pendant que les autres jeunes gens de leur âge ſe divertiſſent & font la deſbauche; que s'ils ne ſe raſent pas la moitié de la teſte, c'eſt qu'ils ont aſſez de force ſur eux pour pouvoir ſans ce ſecours ſe tenir ſeparez du trop grand commerce du monde, & des divertiſſemens inutiles. S'ils ne vont pas à la mer haranguer les flots pour s'affermir la voix, c'eſt qu'on ne parle plus en public que devant des gens raiſonnables & qui preſtent ſilence. Pour ce qui eſt de mettre des cailloux dans leur bouche, je ne croy pas qu'on doive les y obliger pour peu qu'ils ayent de facilité à prononcer toutes leurs lettres. Si l'on ne s'avise plus de faire voyager un jeune homme pour le rendre Eloquent, c'est qu'il y a plus de choses à apprendre dans une Bibliotheque, aujourd'huy que l'impression fournit une si grande abondance de livres, que Ciceron n'en pouvoit apprendre dans tous ses voyages. Ciceron vit peut estre cinq ou six Philosophes, dont la science estoit fort bornée, & dans une Bibliotheque on en peut voir des milliers, & non seulement de ces Anciens qui ne sçavoient la plufpart ce qu'ils disoient, mais de ceux des derniers temps, dont le moindre en sçait davantage, que les plus celebres de la sçavante Antiquité.

LE CHEVALIER.

Cette reflexion fait, que je compare les Anciens Orateurs lorsqu'ils se preparoient pour quelque action d'éclat à des Gentils-hommes de Campagne, qui ayant à regaler une grande compagnie de leurs amis, ne peuvent leur donner que ce qu'ils ont dans leur bassecourt, le gibier de leur chasse, & des fruits de leur jardin ; tout cela peut estre fort bon & fort naturel, mais bien souvent ce n'est pas grand chose. Et je compare les Orateurs Modernes qui ont à parler en public aux hommes riches & magnifiques d'une grande ville comme Paris, où ils trouvent quand il leur plaist plus de gibier & de beaux fruits en un quart d'heure, que les Gentilshommes dont j'ay parlé n'en pourroient ramasser dans le cours d'une année.

L'ABBE'.

Il est encore vray, que sans se fatiguer dans des voyages, Paris seul, où je suppose que les jeunes Orateurs se forment à l'Eloquence fournit assez d'honnestes gens, dont le commerce

& la conversation peuvent polir ce qu'on acquiert par la meditation & par la lecture. Je souftiens encore comme je l'ay déja fait, que d'avoir des Maiftres de Rhetorique eft quelque chofe de plus utile, que d'aller fimplement entendre ceux qui excellent en Eloquence, outre que rien n'empefche les jeunes gens d'aller oüir les belles Caufes qui se plaident, & d'affifter aux Sermons & aux Oraifons funebres de nos excellens Predicateurs, ce que j'eftime leur eftre tres-utile en toutes manieres.

LE PRESIDENT.

De forte que c'eft un malheur à Demofthene & à Ciceron de n'eftre pas nez dans les fiecles où nous sommes avec les talens qu'ils avoient pour l'Eloquence, car dans un fiecle auffi poli que le noftre, ils auroient fait tout autre chofe que ce qu'ils ont fait dans les fiecles barbares d'Alexandre & d'Augufte.

L'ABBE'.

Je ne dis point que les siecles d'Alexandre & d'Auguste ayent esté barbares, ils ont esté autant polis qu'ils le pouvoient estre, mais je prétens que l'avantage qu'a nostre siecle d'estre venu le dernier, & d'avoir profité des bons & des mauvais exemples des siecles précedens, l'a rendu le plus sçavant, le plus poli & le plus delicat de tous. Les Anciens ont dit de bonnes choses meslées de mediocres & de mauvaises, & il ne pouvoit pas en arriver autrement à des gens qui commençoient, mais les Modernes ont eu le bonheur de pouvoir choisir, ils ont imité les Anciens en ce qu'ils ont de bon, ils se sont dispensez de les suivre dans ce qu'ils ont, ou de mauvais ou de mediocre, & de là vient que les ouvrages de nos excellens Orateurs sont presque par tout de la mesme force, que le sont les ouvrages des Anciens dans les endroits les plus beaux, les plus forts & les plus Eloquens.

LE PRESIDENT.

Supposé que les choses deussent aller comme vous le dites, supposition dont je ne conviens point, la Nature ne se dispense-t'elle pas quelquefois de suivre son train ordinaire. Il luy a plu de faire naistre de grands hommes en de certains temps, & il ne luy a pas plu d'en faire naistre de semblables dans la suite des temps; avez-vous quelque chose à luy dire là dessus. Ce sont des veines d'or qu'elle a mises en certains endroits de la Terre, pendant qu'elle ne met que du cuivre & du fer par tout ailleurs ; elle agit en maistresse, & nous ne sommes pas en droit de luy demander raison de tout ce qu'elle fait.

L'ABBE'.

Je demeure d'accord, que la Nature peut faire tout ce qu'il luy plaira, mais la question est de sçavoir si elle a fait ce que vous dites, & si elle a eu cette fantaisie de produire en un certain temps de grands hommes, & de n'en produire plus dans la suite qui leur fussent semblables.

LE PRESIDENT.

N'y a t'il pas eu un temps où elle faisoit des Geans, & un autre où les hommes vivoient des huit à neuf cens ans, elle a pû faire la mesme chose, & je suis persuadé qu'elle le fait touchant les esprits & les genies.

L'ABBE'.

A l'égard des Geans vous sçavez bien que l'opinion la plus receuë est que ceux que l'Escriture dit avoir vescu dans les premiers siecles, n'estoient pas plus grands que les autres hommes, mais qu'ils furent appellez Geans, parce qu'ils étoient audacieux, méchans & impies. Vous sçavez que c'est ainsi qu'en parlent

Joseph, * Philon Juif*, S. Cyrille & plusieurs autres ; vous sçavez aussi que Goropius * a fait voir, que des os d'une grandeur extraordinaire qu'on montre à Anvers pour des os de Geant sont des os d'Elephant ; je demeure d'accord qu'il est venu des hommes de temps en temps d'une taille extraordinaire. Goliat estoit un vray Geant, & nous en avons vû quelques-uns à la Foire S. Germain ; mais on n'en a point veu de races toutes entieres. Pour ce qui est des hommes qui ont vescu beaucoup plus que les autres dans le commencement des temps, il y en a une raison si visible, qui estoit de peupler le monde, que cela ne doit estre d'aucune consequence. Il reste à repondre à l'exemple des veines d'or, qui ne se trouvent qu'en de certains endroits. Je dis que les grands genies ne se trouvent aussi qu'en de certains endroits. Ce se-

---

* Chap. 1 des Antiq Jud. l. de Gigant. * L. 9. adv. Julian.
* Dans sa Gigantomachie.

roit une chose estrange qu'il y en eust par tout, & que tous les hommes fussent d'une egale force d'esprit. Je trouve que cette comparaison fait entierement pour moy, car comme en ces temps-cy les hommes qui travaillent aux mines trouvent des veines d'or aussi belles, & les trouvent aussi frequemment qu'autrefois, ceux qui voudront chercher de bons esprits en trouveront une aussi grande quantité, & d'aussi excellens que dans les siecles les plus anciens. Encore une fois la Nature est toûjours la mesme en general dans toutes ses productions; mais les siecles ne sont pas toûjours les mesmes; & toutes choses pareilles, c'est un avantage à un siecle d'estre venu aprés les autres.

LE PRESIDENT.

Suivant ce systheme, il faudroit dire non seulement que Ciceron a esté plus Eloquent que Demosthene, mais que Cassiodore a esté plus Eloquent que Ciceron.

L'ABBE'.

J'ay dit, que l'avantage d'estre venu le dernier n'est considerable, & ne produit son effet que quand toutes choses sont pareilles d'ailleurs, & qu'il n'y a rien de plus fort qui s'y oppose, or il n'est pas estrange que l'inondation des Gots & des Vandales qui porterent la Barbarie jusques dans le sein de Rome, l'ayent emporté sur l'avantage qu'avoit Cassiodore d'estre venu depuis Ciceron. Je diray donc pour m'expliquer d'une maniere plus juste & plus equitable, que les Anciens & les Modernes ont excellé egalement, les Anciens autant que le pouvoient des Anciens; & les Modernes autant que le peuvent des Modernes.

LE CHEVALIER.

Cela me fait souvenir d'un de mes freres qu'on loüoit d'avoir egalement bien fait dans toutes ses

Claſſes, c'eſt à dire autant bien en ſixiéme, que le peut un ſixiéme, & autant bien en Rhetorique, que le peut un Rhetoricien.

L'ABBE'.

Nous avons déja remarqué en paſſant le manque de politeſſe des Grecs & des Romains dans les manieres peu galantes, dont ils traittoient l'amour, nous pouvons encore en juger par ce qui nous reſte de leurs converſations. Les Rois & les Heros ſe diſoient chez Homere des injures que nos Crocheteurs ne ſe diroient pas ſans ſe battre. Achille, le divin Achille appelle Agamemnon viſage de chien, laſche, yvrogne, impudent, quoy qu'Agamemnon fuſt non ſeulement ſon Roy, mais celuy de tous les autres Rois que la querelle de Paris avoit aſſemblez. Les Romains meſmes qui eſtoient beaucoup plus honneſtes & plus civiliſez, comme moins anciens, eſtoient encore peu circonspects dans leurs parolles ; je dis les Scipions, les Lelius & les plus renommez pour cette Urbanité Romaine qui les distinguoit de tous les autres peuples. Je dis Ciceron luy-mesme, qui dans ses Playdoiers contre Antoine, contre Clodius, contre Pison, & contre Verres leur dit, comme je l'ay déja remarqué, des injures en plein Senat qu'un honneste homme aujourd'uy auroit peine à dire devant ses valets.

LE PRESIDENT.

La liberté qu'ils se donnoient de parler ainsi, & la force qu'ils avoient de ne s'en pas offenser marquent leur vertu & la grandeur de leur courage qui ne s'esbranloit pas pour de simples paroles dites avec une noble hardiesse, & qu'ils écoutoient avec une genereuse insensibilité, au lieu que dans ces derniers temps, la foiblesse de nos plus grands hommes a esté telle qu'on les a vûs se piquer, se battre, & se tuer les uns les autres pour un mot equivoque ou mal entendu. Cette fausse delicatesse que vous loüez est une pure marque de petitesse & de legereté, puisqu'en effet c'est particulierement dans les enfans, dans les vieillards & dans les malades qu'elle se trouve à cause de leur foiblesse & de leur infirmité.

L'ABBE'.

Comme les Anciens n'estoient pas moins touchez que nous de tout ce qu'ils croyoient estre une veritable injure, cette insensibilité qu'ils avoient pour les parolles outrageantes, n'a pu avoir d'autre cause que leur peu de politesse & le peu d'attention qu'ils faisoient à la force & à la valeur de leurs expressions.

LE PRESIDENT.

Je veux croire comme vous le dites qu'ils n'y prenoient pas garde de si prés que nous, & ç'a esté cette attention trop scrupuleuse qu'on s'est avisé d'avoir à éplucher toutes les parolles qui a fait degenerer la noble & genereuse Eloquence des Anciens en une froide correction grammaticale qui fait le seul merite de l'Eloquence d'aujourd'huy.

L'ABBE'.

Je n'aurois jamais crû que d'estre exact sur la vraye signification des parolles, & sur le degré de force qu'elles ont les unes plus que les autres fust un obstacle à l'Eloquence. Je suis persuadé que le juste discernement de la valeur des expressions dont on se sert est un des talens les plus necessaires à un grand Orateur, sur tout quand il a à parler devant des gens qui ont de la delicatesse, ou dans l'esprit ou dans le cœur. On peut voir encore une marque du peu de politesse dans les Anciens, en ce qu'ils ne s'estoient pas encore avisez qu'il n'estoit pas honneste de se nommer le premier, car ils difoient *moy & vous avons fait telle chofe, moy & Cefar eſtions au Senat un tel jour.* Il eſt vray qu'il eſt naturel, que la premiere perfonne aille devant la feconde, & la feconde devant la troifiéme, & que cet ordre s'obferve dans la conjugaifon des verbes de la plufpart des Langues du monde, mais comme nonobſtant cet ordre naturel ils s'eſtoient bien apperçûs que quand on marche enfemble, il eſt honneſte de faire paſſer les autres devant foy, pourquoy n'ont-ils pas veu qu'il eſtoit de la belle & veritable Urbanité d'obferver la mefme ceremonie dans la marche des Noms, fi ce n'eſt que cette bienfeance eſtoit encore pour eux quelque chofe de trop fubtil & de trop metaphyfique.

LE CHEVALIER.

Je me ferois plus aifément accommodé de cette maniere peu civile de placer les Noms, que de la maudite coustume qu'ils avoient de dire tous quelque belle Sentence. Epaminondas disoit ordinairement qu'il estoit beau de mourir à la guerre. Anartasis avoit accoustumé de dire, que la vigne portoit trois raisins, dont le premier rejoüissoit, le second enyvroit, & le troisiéme causoit toute sorte de maux. Caton *souloit* dire qu'il pardonnoit toutes choses à tout le monde, mais qu'il ne se pardonnoit rien à luy-mesme. Pour la premiere ou la seconde fois, que chacun de ces grands hommes m'auroit dit sa Sentence, je l'aurois écoutée patiemment ; mais à la troisiéme je luy aurois rompu en visiere ou l'aurois planté là.

LE PRESIDENT.

C'est estre bien delicat de ne pouvoir entendre trois fois en sa vie une bonne chose dite par un excellent homme.

LE CHEVALIER.

L'Abbé qui vous vint voir avant hier, en auroit encore bien moins enduré que moy, luy qui ne pouvoit vivre avec son Pere, parce qu'il redisoit souvent les mesmes contes, & les mesmes bons mots.

LE PRESIDENT.

Vous vous moquez, cela n'est pas possible.

LE CHEVALIER.

Cela est si vray, que le bonhomme qui aimoit son fils presque autant que ses contes, luy promit pour le retenir auprés de luy, qu'il luy deduiroit vingt sols sur sa pension pour chaque conte ou chaque bon mot qu'il rediroit. L'Abbé qui vit que cela iroit loin & beaucoup au de là de ce que son Pere s'imaginoit, accepta le party, & l'on fit une taille où l'on marquoit le nombre des contes & des bons mots repetez. Au bout

bout de l'an il se trouva non seulement que l'Abbé estoit quitte de sa pension, mais qu'il luy estoit deu une somme considerable qu'il se fit payer, & qu'il crut avoir bien gagnée.

L'ABBE'.

Vous oubliez une circonstance, c'est qu'avant la convention, lorsque l'Abbé voyoit que son Pere alloit enfiler un conte, il se levoit & gagnoit la porte. Le Pere le rappelloit & luy promettoit de ne plus dire que celuy-là. L'Abbé tenant la porte à demi fermée menaçoit de s'en aller s'il continuoit davantage, & alors selon que dans le cœur du bon homme l'amour de son conte ou l'amour de son fils estoit le plus fort, l'Abbé rentroit ou s'en alloit pour le reste de la journée.

LE PRESIDENT.

Cette histoire est plaisante, mais elle ne fait rien à nostre contestation.

L'ABBE'.

Je trouve qu'elle y fait quelque chose. S'il est vray, que la plufpart des Anciens avoient accoustumé de dire une Sentence memorable qui leur estoit particuliere, comme l'ont remarqué les Auteurs qui ont écrit leurs vies. S'il est encore vray, que ce n'est plus la mode d'en user ainsi ; cette difference ne peut venir que de la rareté des apopthegmes en ce temps-là, & du merite qu'il y avoit à en estre l'Auteur, au lieu que presentement toutes les veritez morales se sont rendu tellement communes, qu'on ne s'avise plus de se vouloir distinguer par une belle Sentence ou inventée ou adoptée. Bien loin mesme que ce fust loüer un homme aujourd'huy, que de remarquer qu'il a accoustumé de dire une certaine Sentence, ce seroit se moquer de luy & en faire une raillerie. En tout cas, cela ne se pardonne plus qu'aux vieilles gens en faveur de leur antiquité.

LE CHEVALIER.

Les païsans un peu spirituels ont aussi conservé cette coustume, & se parent encore de ces ornemens vieux & usez.

LE PRESIDENT.

Quand un Historien dit, qu'un Prince, qu'un Capitaine avoit accoustumé de dire telle & telle chose, il ne veut pas donner à entendre qu'il rompoit la teste à tout le monde de ses belles Sentences, mais seulement qu'il luy estoit arrivé de les dire en plus d'une rencontre.

L'ABBE'.

Je le veux bien, quoy que ces paroles, il avoit accoustumé de dire, marquent une frequente repetition de la mesme chose. Mais il est certain, que personne n'affecte plus de dire une certaine Sentence morale plustost qu'une autre, & que quand on remarque quelque bon mot d'un Prince, d'un Capitaine, ou de quelque grand homme de ces temps-cy, c'est un sentiment particulier sur quelque fait particulier, & cette espece de bons mots est bien differentes des Sentences generales & universelles, & est bien d'un autre merite.

LE CHEVALIER.

Persuadé comme je le suis, que l'Eloquence des Modernes l'emporte sur celle des Anciens, il me prend envie de faire comme Messala, & de vous prier, Monsieur l'Abbé, de vouloir bien, non pas continuer à faire voir, que nos Orateurs sont plus habiles que ceux des temps passez, verité qui n'est que trop evidente, mais de nous expliquer comment & par quels moyens l'Eloquence que l'on croyoit estre parvenuë à sa derniere perfection du temps de Ciceron & de Demosthene s'est encore si fort embellie dans le siecle où nous sommes.

LE PRESIDENT.

La raillerie en est donc, Monsieur le Chevalier ?

LE CHEVALIER.

Je ne raille point, & je croy serieusement estre mieux fondé dans ma demande, que Messala ne l'estoit dans la sienne.

L'ABBE'.

Je ne puis guere vous rapporter d'autres causes du progrez qu'a fait l'Eloquence de nostre siecle au delà de l'Eloquence des Anciens, que celles que j'ay déja touchées; mais puis qu'il me paroist, Monsieur le Chevalier, que vous n'y avez pas fait d'attention, je vais vous les redire en peu de paroles. La premiere, est le Temps, dont l'effet ordinaire est de perfectionner les Arts & les Sciences, & qui a rendu les hommes en general plus eloquens aprés plusieurs siecles d'experience, de mesme qu'il les rend plus eloquens chacun en particulier aprés plusieurs années d'estude. La seconde, la connoissance plus profonde & plus exacte qu'on s'est acquise du cœur de l'homme & de ses sentimens les plus delicats & les plus fins, à force de l'examiner & de le penetrer. La troisiéme, l'usage de la methode presque inconnuë aux Anciens, & si familiere aujourd'hui à tous ceux qui parlent ou qui écrivent & qui sert si utilement à parvenir aux trois fins principales de l'Eloquence qui sont, comme nous l'avons dit, d'instruire, de plaire & de persuader. La quatriéme, l'Impression qui ayant mis tous les livres dans les mains de tout le monde, y a répandu en mê-

des Anciens & des Modernes. 295

me temps la connoissance de ce qu'il y a de plus beau, de meilleur & de plus curieux dans tous les Arts & dans toutes les Sciences, & qui dans une seule Bibliotheque fournit plus de secours à un Orateur que l'Estude, les voyages & la conversation des Philosophes n'en ont pu donner aux plus vigilans & aux plus studieux des Anciens. La cinquiéme, le grand nombre d'occasions & de besoins que l'on a d'employer l'Eloquence que n'avoient point les hommes des siecles esloignez, car outre les Playdoiers, les Harangues & les Oraisons funebres qui nous sont communes avec eux, nous avons les Sermons & les Panegyriques des Saints, matieres qu'ils n'avoient point, & qui donnent lieu sans cesse à la belle Eloquence de deployer ses plus grandes voiles. La sixiéme cause enfin de la perfection où ce bel Art est arrivé, est le nombre incroyable des recompenses qu'elle obtient tous les jours au de là de

N iiij

celles qu'elle pouvoit esperer chez les Anciens, car enfin elle en reçoit plus en une année de l'Eglise seule qu'elle n'en a tiré autrefois en plusieurs siecles, des Empires & des Republiques. Il peut y avoir beaucoup d'autres causes de la perfection de l'Eloquence d'aujourd'huy qui ne me reviennent pas presentement dans la memoire, mais qui pourroient servir encore à establir la verité de ma proposition, & à faire voir, que Monsieur le Chevalier n'est pas si mal fondé qu'on diroit bien, dans la demande qu'il a faite.

LE PRESIDENT.

Supposé, que les sentimens où vous estes, & que vous soustenez si vivement, vinssent à prévaloir sur l'opinion commune, & qu'il passast pour constant, que les ouvrages des Anciens sont moins excellens que les ouvrages des Modernes, quel desordre n'arriveroit il point dans la Republique des Lettres, plus d'Eſtudes, plus de Colleges, plus de lecture des Anciens. Il ne s'agiroit que d'eſtudier le bon gouſt du ſiecle, & de s'y conformer, que de lire les Journaux de France, de Hollande & d'Angleterre pour s'inſtruire des nouvelles découvertes, que d'aller entendre les Sermons de ſa Parroiſſe, pour devenir grand Predicateur, & les Playdoiers de la grand' Chambre pour ſe rendre habile Avocat. Voilà qui ſeroit bien commode, & qui épargneroit bien des veilles; c'eſt dommage que les choſes ne ſont pas comme vous le dites.

L'ABBE'.

Si mon ſentiment venoit à prevaloir, il n'arriveroit rien de tout ce que vous venez de dire, on continueroit à eſtudier comme on a fait juſques à cette heure, les Colleges n'auroient pas moins d'eſcoliers qu'ils en ont, il faudra toûjours apprendre le Grec & le Latin, ce font des Langues que la Religion, la Jurisprudence, la Philosophie, & toutes les Sciences qu'elles renferment rendront à jamais necessaires, il faudra toûjours lire les Anciens pour sçavoir ce qu'ils ont pensé, car ils ont pensé de tres-bonnes choses, & tout ira son mesme train. Il arriveroit seulement qu'au lieu de s'en tenir comme on fait ordinairement aux connoissances imparfaites qu'ont euës les Anciens, on s'estudieroit à les pousser plus loin, & à les porter à leur derniere perfection, en joignant les lumieres de nostre siecle à celle des siecles precedens. Il arriveroit que ceux qui enseignent les jeunes gens leur feroient remarquer egalement, Et les vertus & les defauts des Anciens, au lieu que non seulement ils leur dissimulent ces defauts, mais qu'ils les leur font passer pour des beautez extraordinaires. Aprés leur avoir monstré jusqu'où Ciceron a porté l'Eloquence, ils leur feroient voir les nouvelles beautez que nos Orateurs y ont ajoûtées. On se deferoit de la pernicieuse prevention où l'on est qu'on ne peut rien faire dans l'Eloquence qu'en suivant pas à pas Ciceron & Demosthene, & qu'il est impossible d'arriver jamais à la mesme perfection où ils se sont elevez, car autant qu'une libre imitation de ces deux Orateurs, & une estime raisonnable de leur merite sont utiles pour parvenir à l'Eloquence autant le joug servile de cette imitation, & le desespoir de les atteindre abbattent le courage de ceux qui estudient, & les rendent incapables d'y exceller jamais, car on ne parvient point où l'on n'espere pas de pouvoir parvenir, & jamais un homme n'afranchi un fossé qu'il n'ait crû auparavant le pouvoir faire. Vous sçavez Monsieur le President ce qu'un Ancien a dit des serviteurs & des Esclaves, que *Dieu leur ostoit

* Dimidiam mentem servis Deus abstulit.

la moitié de leur Esprit, si ce sentiment a quelque verité à l'égard des Esclaves ordinaires on peut dire qu'il est souverainement vray à l'egard du troupeau servile des Imitateurs. Ne seroit-ce donc pas pour eux un extreme bonheur s'ils pouvoient secoüer le joug de la prevention qui les abbat au dessous du moindre des Anciens, & s'ils venoient à recouvrer cette moitié d'esprit qu'elle leur a ostée.

LE CHEVALIER.

Pour moy, je suis persuadé qu'il est bon, que les choses continuent à aller comme elles vont. Quand les jeunes gens ont de l'esprit & du genie, ils voyent bien-tost au sortir du College la route qu'il faut prendre pour plaire au monde où ils commencent d'entrer ; la prevention dont vous parlez n'a pas empesché les grands Orateurs de nostre siecle de parvenir à la plus haute,& plus belle Eloquence. A l'esgard de ceux qui n'ont pas de genie, & qui ne vont que comme ils ont poussez, quand voſtre opinion ſeroit receuë, ils n'en feroient pas mieux, & ils demeureront eternellement dans la maudite ſterilité qu'ils ont apportée du ventre de leur mere, il eſt plus à propos qu'ils continuent à ſe perſuader que rien n'eſt ſi beau ny ſi utile que d'eſclaircir ou de reſtituer quelque paſſage obſcur d'un Ancien. Ils ſont plus contens des treſors cachez qu'ils trouvent dans ces vieux Auteurs, que d'egaler en Eloquence tous nos Predicateurs & tous nos Avocats, pourquoy aller troubler leur felicité? Il faut auſſi qu'il y ait de jeunes gens qui ravis d'entendre, ou de croire entendre le Grec parfaitement, traitent de haut en bas tous les deffenſeurs des Modernes. Il faut pour la beauté du monde qu'il y ait de ces Matamores de Parnaſſe, & ils font un contraſte admirable avec les gens ſages & moderez. Ainſi laiſſons les choſes comme elles font, & allons nous coucher.

L'ABBE'.

C'est tres-bien dit, car il est tard, & il faut que nous nous levions de grand matin, si nous voulons achever de voir les beautez de Versailles.

FIN.

AVERTISSEMENT,
sur les pieces suivantes.

J'Ay crû qu'on ne seroit pas fasché de trouver icy quelques morceaux des plus belles pieces d'Eloquence des Anciens & des Modernes, pour avoir le plaisir d'en faire la comparaison. Il est vray que je ne donne pas icy des traductions faites mot pour mot, mais j'aurois crû ne pas agir de bonne foy, si j'avois pris ce parti-là, puis qu'il n'y a point d'ouvrage d'Eloquence qu'une traduction purement litterale, ne rendist ridicule. La traduction de l'Oraison Funebre de Pericles rapportée par Thucidide est de Monsieur d'Ablancour, celle du Panegyrique de Trajan est de Monsieur l'Abbé Esprit ; je ne feray point d'excuse sur ces deux traductions, le merite de leurs Auteurs est trop connu. Pour les autres quoy qu'elles ne soient pas d'une aussi bonne main, elles ne sont pas moins fidelles ny moins exactes, j'y ay mis toute la beauté de Style, tout le nombre & toute l'harmonie que je suis capable de leur donner.

Je ne croy pas qu'on se plaigne du choix que j'ay fait des Auteurs. C'est Pericles qu'on nommoit le Tonnant & de la bouche duquel on croyoit voir sortir, quand il haranguoit, des foudres & des éclairs ; il est vray que cette Oraison ne nous vient pas de luy immediatement, & qu'elle nous est donnée par Thucidide, mais qui oseroit dire que Thucidide y ait rien gasté. Le second est Isocrate, cet Orateur qu'on dit avoir connu tous les secrets de l'Eloquence, & qui n'employoit pas moins que dix années à la composition d'un Panegyrique. Et le troisiéme enfin est Lisias, dont Ciceron dit que c'estoit un Orateur extremement subtil & élegant, & qui approchoit fort de la perfection. A l'égard des trois Modernes, que je leur oppose, qui sont Monsieur l'Evêque de Meaux, Monsieur l'Evêque de Nismes & le Pere Bourdaloüe, la voix publique me les a nommez.

On m'auroit blamé si j'avois oublié le Panegyrique de Trajan : & on ne

AVERTISSEMENT.

doit pas trouver à redire que je luy aye opposé une Lettre de Voiture, quoy que ces deux Ouvrages soient d'une nature bien differente, puis qu'en cela tout le desavantage est du costé du Moderne ; comme on a comparé plusieurs fois ces deux auteurs ensemble, on sera bien aise de comparer icy leurs ouvrages. I'ay aussi opposé à une lettre du mesme Pline, une lettre de Balzac, parce qu'elles contiennent toutes deux la description de leur maison des Champs, & qu'il en est fait mention dans l'Apologie de Balzac, où il est dit plaisamment que celle de Balzac est la description d'une maison de plaisance faite par un Orateur, & celle de Pline, la declaration d'une Maison à vendre faite par un Architecte. I'ay enfin rapporté une lettre de Ciceron qu'on ne peut pas trouver mauvais que j'aye choisie, puisque dans une de celles qu'il adresse à Atticus, il luy en parle en ces termes. * Faites

---

* Epistolam, Luccejo nunc quam misi, qua res meas ut scribat, rogo fac ut ab eo sumas ; valde bella est, Ad Att. l. 4. Epist. 7.

vous donner par Luccejus : la Lettre où je le prie d'écrire mon Histoire. Elle est tres-belle. J'oppose à cette Lettre la premiere qu'on trouve dans le recueil de celles de Balzac, adressée au Cardinal de Richelieu. Voilà les raisons de mon choix, mais chacun peut à sa fantaisie choisir d'autres ouvrages des Anciens & des Modernes, pour en faire la comparaison.

ORAISON FUNEBRE

prononcée par Pericles, & rapportée par Thucidide, dans le second Livre de son Histoire, traduite par Monsieur d'Ablancour.

MESSIEURS, la plus part des Citoyens qui haranguent en ces Assemblées, loüent la coûtume de faire l'Oraison Funebre de ceux qui ont perdu la vie pour la défense de leur païs : mais pour moy, je croy que ce seroit assez de leur faire des Funerailles publiques, & que leur valeur s'étant témoignée par des effets, les effets suffiroient pour la celebrer ; sans faire dépendre leur loüange de l'éloquence d'un Orateur, qui peut ne les pas loüer assez dignement, ou qui court fortune de n'être pas crû. Car il est difficile de garder le tempérament necessaire pour cela ; puisque leurs amis croyent toûjours que l'on n'en dit pas assez, & les autres, qu'on en dit trop. En effet, les loüanges ne sont trouvées supportables, qu'autant qu'on se persuade de pouvoir faire ce qu'on loüe ; celuy qui passe outre, s'expose au mépris ou à l'incredulité. Mais il faut obeïr à une coûtume introduite, bien ou mal, par nos Ancêtres, & tâcher de contenter la passion des uns, sans choquer la créance des autres. Je commenceray donc par la loüange de ceux qui par leur valeur ou leur conduite ont acquis ou conservé cet empire. Car il est juste de leur rendre cet honneur, puis qu'il s'agit de celuy de leurs descendans ; & s'il le faut rendre à quelqu'un, c'est particulierement à nos Peres, qui par leurs travaux & leurs soins ont laissé cette République en l'état florissant où elle est. Nous y avons même contribué quelque chose, nous qui vivons maintenant, puisque nous l'avons accruë & embellie de tous les avantages de la paix & de la guerre. Mais n'attendez pas que je rapporte icy tous les combats que nous avons donnés pour étendre ou affermir cet Empire, ny que j'entre dans un détail ennuyeux de toutes les belles actions que nous avons faites contre les Grecs & les Barbares ; Elles sont trop présentes à vôtre esprit, pour vous en rafraîchir le souvenir ; mais il est à propos de vous dire par quels moyens nous sommes montés à ce haut faîte de grandeur, puisque je ne voy rien de plus utile à l'Etat, ny de plus convenable à nôtre sujet; aprés quoy nous passerons à la loüange de ceux dont nous celebrons la memoire. Nous ne nous gouvernons pas par les maximes de nos voisins, nous leur servons plûtôt d'exemple, que nous ne suivons le leur. Nôtre gouvernement est populaire, parce que nous avons pour but la félicité du peuple, & non pas celle de quelques particuliers. Tous ont même droit à l'Empire, quoy que de conditions differentes, & joüissent des mêmes privileges. L'honneur n'est pas déferé à la Noblesse, mais au merite; la pauvreté, ny la bassesse de la condition n'empêchent point un homme de monter aux dignités, pourvû qu'il s'en rende digne, & qu'il puisse être utile à son païs. Nous vivons avec la mesme liberté entre nous, que nous faisons en public, traittant ensemble avec gayeté & franchise, sans être suspects les uns aux autres, ny blâmer ceux qui donnent quelque chose à leur divertissement. Car nous ne faisons pas profession d'une vertu austere & farouche qui fait peur si elle ne fait point de mal. Ce n'est pas aussi par la crainte que nous vivons bien, mais pour obeïr aux Loix & aux Magistrats, sans violer même celles de la bien-seance, qu'il est honteux de ne pas pratiquer, quoy qu'elles ne soient pas écrites. Nous fournissons à l'esprit plusieurs honnêtes récreations, pour adoucir les chagrins de la vie, par des jeux & des Sacrifices qui durent toute l'année, à quoy les particuliers peuvent employer leur argent, mais sans luxe & sans prodigalité. Tout aborde icy de toutes parts, à cause de la grandeur de la Ville, & de son opulence; & nous jouïssons par ce moyen des délices de toute la Terre. Nous avons encore cela de particulier, que nôtre Ville est ouverte à tout le monde, & que nous n'interdisons point aux autres nos spectacles, ny nos exercices, de peur qu'ils n'en tirent quelque avantage ou quelque instruction. Car nous nous confions plus en nôtre valeur qu'en nos ruses & en nos stratagémes, & donnons moins à nôtre adresse, qu'à nôtre courage. Quant à l'éducation des enfans, si nous n'endurcissons pas la jeunesse dans les travaux par de penibles exercices qui soient au dessus de ses forces; elle ne se porte pas aux dangers avec moins de vigueur, pour avoir été nourrie plus humainement. Les Lacedemoniens ne nous ont jamais attaqués qu'en compagnie, au lieu que nous sommes souvent entrés seuls dans les païs étrangers, & en avons remporté des victoires tres-signalées. Pas un de nos ennemis n'a combatu à la fois contre toutes nos forces, tant parce que nôtre puissance s'étend sur l'un & sur l'autre élement, qu'à cause qu'elles sont toûjours éparses en divers endroits de la Terre. Que s'ils viennent à en défaire une partie, ils triomphent comme s'ils avoient tout défait, & s'ils sont battus, ils parlent comme si nous nous étions tous trouvés à leur défaite. Mais encore que nous aimions mieux le repos que le travail, & que nous allions pluftoft à la guerre par generosité que par contrainte, le peril ne nous fait pas plus de peur qu'à eux ; & quand nous y sommes, nous nous en demélons aussi bien que ceux qui y ont été nourris toute leur vie. Ce ne sont pas les seuls avantages que nous avons sur eux. Nous aimons la politesse, sans faire cas du luxe, & philosophons sans oisiveté ; estimons les richesses, non pas pour la montre, mais pour le service, & ne croyons pas qu'il soit honteux d'être pauvre, mais de ne pas faire tout ce qu'on peut pour chasser la pauvreté. Chacun parmy nous a soin des affaires publiques comme des siennes ; & ceux qui sont occupés aprés les soucis de la vie, n'ignorent pas les maximes du Gouvernement. Car nous croyons que sans cet employ, on est inutile aux autres & à soy-même, & que ne pas faire cela, c'est comme si l'on ne faisoit rien, parce que tout le reste en dépend. Nous ne jugeons pas seulement bien des affaires, mais nous en discourons bien, & ne croyons pas que les paroles nuisent aux choses, mais bien l'ignorance & la passion. Nous avons cecy de particulier, que nôtre hardiesse est judicieuse, au lieu que la plûpart des autres ne sont braves, que parce qu'ils sont brutaux, & qu'ils ignorent le danger. Car ceux qui ont le plus de jugement, sont les plus retenus & les plus tardifs à entreprendre. Mais ceux-là ont l'ame bien faite, qui connoissant la douceur qu'il y a dans les plaisirs, ne laissent pas de se porter aux plus grands perils dans l'occasion. Pour ce qui est des autres vertus, nous ne sommes pas aussi de l'opinion commune. Car nous nous plaisons plus à donner qu'à recevoir, ce qui rend nôtre amitié beaucoup plus forte ; parce que celuy qui donne, est attaché par le lien de l'affection, sans quoy il n'auroit pas donné ; au lieu que celuy qui reçoit ne tient que par celuy de l'obligation, qui est d'autant plus foible, que l'inclination est plus puissante que le devoir. Nous obligeons, &c.

ORAISON

ORAISON FUNEBRE,
de la Reine d'Angleterre,

Par Monsieur Bossuet, Evêque de Meaux, alors nommé à l'Evêché de Condom.

Et nunc Reges intelligite ; erudimini qui judicatis Terram. *Psal.* 2.

Maintenant ô Rois, apprenez ; instruisez vous, Juges de la Terre.

MONSEIGNEUR,

Celuy qui regne dans les Cieux, & de qui relevent tous les Empires, à qui seul appartient la gloire, la majesté, & l'independance, est aussi le seul qui se glorifie de faire la loy aux Rois, & de leur donner, quand il luy plaît, de grandes & de terribles leçons. Soit qu'il éleve les Trônes, soit qu'il les abaisse ; soit qu'il communique sa puissance aux Princes, soit qu'il la retire à luy-même, & ne leur laisse que leur propre foiblesse : il leur apprend leurs devoirs d'une maniere souveraine & digne de luy. Car en leur donnant sa puissance, il leur commande d'en user comme il fait

O

luy-même pour le bien du monde ; & il leur fait voir, en la retirant, que toute leur Majesté est empruntée, & que pour être assis sur le Trône, ils n'en sont pas moins sous sa main & sous son autorité suprême. C'est ainsi qu'il instruit les Princes, non seulement par des discours & par des paroles ; mais encore par des effets & par des exemples. *Et nunc Reges intelligite, erudimini qui judicatis terram.*

Chrêtiens, que la memoire d'une grande Reine, Fille, Femme, Mere de Rois si puissans, & Souveraine de trois Royaumes, appelle de tous côtez à cette triste ceremonie ; ce discours vous fera paroître un de ces exemples redoutables, qui étalent aux yeux du monde sa vanité toute entière. Vous verrez dans une seule vie toutes les extremitez des choses humaines : la felicité sans bornes, aussi bien que les miseres ; une longue & paisible jouïssance d'une des plus nobles Couronnes de l'univers ; tout ce que peuvent donner de plus glorieux la naissance & la grandeur, accumulé sur une teste, qui ensuite est exposée à tous les outrages de la fortune ; la bonne cause, d'abord suivie de bons succez, & depuis des retours soudains ; des changemens inouïs ; la rebellion long-temps retenuë, à la fin tout à-fait maîtresse ; nul frein à la licence ; les Loix abolies : la Majesté violée par des attentats jusques alors inconnus ; l'usurpation & la tyrannie sous le nom de liberté ; une Reine fugitive, qui ne trouve aucune retraite dans trois Royaumes, & à qui sa propre Patrie n'est plus qu'un triste lieu d'exil ; neuf voyages sur mer entrepris par une Princesse malgré les tempestes ; l'Ocean étonné de se voir traversé tant de fois en des appareils si divers, & pour des causes si differentes ; un Trône indignement renversé, & miraculeusement rétabli. Voilà les enseignemens que Dieu donne aux Rois : Ainsi fait t'il voir au monde le neant de ses pompes & de ses grandeurs. Si les paroles nous manquent, si les expressions ne répondent pas à un sujet si vaste & si revelé ; les choses parlent assez d'elles-mêmes. Le cœur d'une grande Reine, autre fois élevé par une si longue suite de prosperitez, & puis plongé tout à coup dans un abîme d'amertumes, parlera assez haut : Et s'il n'est pas permis aux particuliers de faire des leçons aux Princes sur des évenemens si étranges, un Roy me prête ses paroles pour leur dire : *Et nunc Reges intelligite : erudimini qui judicatis terram.* Entendez, ô Grands de la Terre, instruissez-vous, Arbitres du monde.

Mais la sage & religieuse Princesse, qui fait le sujet de ce discours, n'a pas été seulement un spectacle proposé aux hommes pour y étudier les conseils de la divine Providence, & les fatales révolutions des Monarchies; elle s'est instruite elle-même, pendant que Dieu instruisoit les Princes par son exemple fameux. J'ay déja dit que ce grand Dieu les enseigne, & en leur donnant, & en leur ôtant leur puissance. La Reine, dont nous parlons a également entendu deux leçons si opposées; c'est à dire qu'elle a usé chrétiennement de la bonne & de la mauvaise fortune. Dans l'une, elle a été bien-faisante; dans l'autre, elle s'est montrée toûjours invincible. Tant qu'elle a été heureuse, elle a fait sentir son pouvoir au monde, par des bontez infinies ; quand la fortune l'eut abandonnée elle s'enrichit plus que jamais elle-même de vertus: Tellement qu'elle a perdu pour son propre bien cette puissance Royale qu'elle avoit pour le bien des autres ; & si ses Sujets, si ses Alliez, si l'Eglise universelle a profité de ses grandeurs, elle-même a sceu profiter de ses malheurs & de ses disgraces plus qu'elle n'avoit fait de toute sa gloire. C'est ce que nous remarquerons dans la vie eternellement memorable de tres-haute, tres-excellente, & tres-puis-

sante Princesse HENRIETTE MA-
RIE DE FRANCE, REINE DE
LA GRAND' BRETAGNE.

Quoy que personne n'ignore les grandes qualitez d'une Reine, dont l'Histoire a remply tout l'univers, je me sens obligé d'abord à les rappeler en vôtre memoire, afin que cette idée nous serve pour toute la suite de ce discours. Il seroit superflu de vous parler au long de la glorieuse naissance de cette Princesse : On ne void rien sous le Soleil qui en égale la grandeur. Le Pape saint Gregoire a donné dés les premiers siecles, cet éloge singulier à la Couronne de France, qu'elle est autant au dessus des autres Couronnes du monde, que la dignité Royale surpasse les fortunes particulieres. Que s'il a parlé en ces termes du temps du Roy Childebert, & s'il a élevé si haut la race de Merouée ; jugez ce qu'il auroit dit du sang de saint Loüis & de Charlemagne. Issuë de cette Race ; Fille de Henry le Grand, & de tant de Rois, son grand cœur a surpassé sa naissance. Toute autre place qu'un Trône eût été indigne d'elle. A la verité elle eut dequoy satisfaire à sa noble fierté, quand elle vit qu'elle alloit unir la Maison de France à la Royale Famille des Stuarts, qui étoient venus à la succession de la Couronne d'Angleterre par une fille de Henry VII. Mais qui tenoient de leur Chef, depuis plusieurs siecles, le Sceptre d'Ecosse, & qui descendoient de ces Rois antiques, dont l'origine se cache si avant dans l'obscurité des premiers temps. Mais si elle eut de la joye de regner sur une grande Nation, c'est qu'elle pouvoit contenter le desir immense, qui sans cesse la sollicitoit à faire du bien. Elle eut une magnificence Royale, & on eût dit qu'elle perdoit ce qu'elle ne donnoit pas. Ses autres vertus n'ont pas été moins admirables. Fidele depositaire des plaintes & des secrets, elle disoit que les Princes doivent garder le même silence que les Confesseurs, & avoir la même discretion. Dans la plus grande fureur des guerres civiles, jamais on n'a douté de sa parole, ny desesperé de sa clemence. Quelle autre a mieux pratiqué cet art obligeant, qui fait qu'on se rabaisse sans se degrader, & qui accorde si heureusement la liberté avec le respect? Douce, familliere, agreable, autant que ferme & vigoureuse, elle sçavoit persuader & convaincre aussi bien que commander, & faire valoir la raison non moins que l'autorité. Vous verrez avec quelle prudence elle traite les affaires; & une main si habile eût sauvé l'Etat, si l'Etat eût pû être sauvé. On ne peut assez loüer la magnanimité de cette Princesse. La fortune ne pouvoit rien sur elle ; ni les maux qu'elle a preveus, ny ceux qui l'ont surprise, n'ont abatu son courage. Que diray-je de son attachement immuable à la Religion de ses Ancêtres ? Elle a bien sceu reconnoître que cet attachement faisoit la gloire de sa Maison, aussi bien que celle de toute la France, seule Nation de l'Univers, qui depuis douze siecles presque accomplis que ses Rois ont embrassé le Christianisme, n'a jamais veu sur le Trône que des Princes enfans de l'Eglise. Aussi a-t'elle toûjours declaré, que rien ne seroit capable de la detacher de la Foy de saint Loüis. Le Roy son Mary luy a donné jusqu'à la mort ce bel éloge, qu'il n'y avoit que le seul point de la Religion où leurs cœurs fussent desunis ; & confirmant par son témoignage la pieté de la Reine, ce Prince tres-éclairé a fait connoître en même temps à toute la Terre, la tendresse, l'amour conjugal, la sainte & inviolable fidelité de son Epouse incomparable.

Dieu qui rapporte tous ses conseils à la conservation de sa sainte Eglise, & qui fecond en moyens, employe toute choses, &c.

ORAISON FUNEBRE
d'Evagoras, par Isocrate.

QUAND je considere, ô Nicocles, que vous honorez le tombeau de vôtre Pere, non seulement par l'abondance, & par la beauté de vos offrandes, mais encore par des danses & des musiques, par des jeux, par des exercices, & même par des combats de chevaux & de galeres; & que vous n'oubliez rien de ce qui peut y donner de l'éclat & de la grandeur; je croy qu'Evagoras, s'il reste quelque sentiment à ceux qui sont morts de ce qui se fait parmy nous, reçoit volontiers toutes ces choses, & qu'il voit avec plaisir, & le soin que vous avez de sa memoire, & les marques de vôtre magnificence : mais je ne doute point qu'il ne fût encore plus touché de joye & de reconnoissance, si quelqu'un entreprenoit de parler dignement de ses vertus & de ses exploits. Car nous voyons que les hommes desireux d'honneur & magnanimes, non seulement préferent la loüange à toutes ces choses, mais qu'ils préferent même une mort glorieuse à leur propre vie, dont ils sont moins soigneux que de leur gloire, n'y ayant rien qu'ils ne fassent pour laisser d'eux mêmes une memoire immortelle. Or toutes ces depenses n'y contribuent en rien, & ne servent qu'à faire voir l'opulence de ceux qui les font ; à l'égard de ceux qui honorent les funerailles par des concerts de musique, ou par des exercices & des combats, il s'acquierent à la verité de l'honneur, en faisant voir combien ils excellent dans leur art, & quelle est, & leur force & leur adresse, mais celuy qui rapporteroit les belles actions d'Evagoras dans un discours bien orné, rendroit sa vertu immortelle dans la memoire des hommes. Il auroit donc fallu que les autres eussent aussi loué ceux qui de leur temps se sont comportez vaillamment, & que ceux qui sont capables de celebrer les Anciens, en parlant des choses qui nous sont connuës, les racontassent dans la verité, afin que les jeunes gens, sçachant que s'ils sont plus braves que ces Anciens, ils deviendront aussi plus illustres, en fussent plus fortement excitez à la vertu. Mais qui ne perdroit pas courage presentement en voyant que l'on celebre, & par des Hymnes & par des Tragedies, ceux qui ont vécu du temps de Troye, & auparavant, & sçachant qu'il n'obtiendra jamais de pareilles loüanges, quoy qu'il les surpasse, & en vertu, & en belles actions. Ce desorde est causé par l'Envie, qui a cela seulement de bon en elle, qu'elle se fait beaucoup de mal. Car il y en a qui ont l'esprit si mal tourné, qu'ils entendent plus volontiers loüer ceux qu'ils ne sont pas assurez avoir jamais esté au monde, que d'approuver les loüanges qu'on donne à ceux dont ils ont receu des bienfaits. Il n'est pas raisonnable que des gens sages ayent égard à cette folie; il faut mépriser ces hommes-là, & accoûtumer le reste du monde à oüir ce qu'il est raisonnable de dire, d'autant plus que nous voyons que les Arts & toutes les autres bonnes choses ont été augmentées & perfectionnées, non par ceux qui n'ont fait que de suivre les usages receus, mais par ceux qui les ont corrigez, & qui n'ont pas hesité à changer tout ce qui étoit mauvais. Je sçay à la verité, combien il est difficile de faire ce que j'entreprens, de celebrer les vertus d'un excellent homme. Une tres-grande marque de cette verité c'est que les hommes sçavans entreprennent de parler de plusieurs sortes de choses, & qu'il n'en est aucun qui se soit appliqué à ce genre d'écrire; ce que j'estime devoir bien leur être pardonné. Car il est permis aux Poëtes d'employer plusieurs ornemens à

il leur est permis de mêler les Dieux dans les assemblées des hommes, & de les introduire parlant à ces mêmes hommes, & les secourant dans leurs combats ; comme aussi de raconter toutes ces choses, non seulement avec des paroles usitées, mais d'en expliquer les unes avec des expressions étrangeres, les autres avec des expressions nouvelles, les autres enfin avec des façons de parler figurées, & enfin de n'obmettre aucun des ornemens dont la Poësie peut varier & embellir ses ouvrages. Les Orateurs n'ont aucun de ces avantages; mais soumis à des loix severes ils ne doivent se servir que de paroles ordinaires, que de sentimens qui naissent des matieres dont ils parlent. Ceux-là font tout ce qu'ils veulent avec leurs mesures & leurs nombres ; ceux-cy n'ont aucun de ces secours. Il y a tant de beauté dans ces sortes d'ouvrages, qu'encore que la diction n'en soit pas belle, & qu'ils soient depourvûs de beaux sentimens, le seul agréement du nombre & de la mesure charme les Auditeurs ; & il est aisé de voir combien ces choses ont de force, si on considere que lors qu'on nous rapporte les paroles & les sentimens des plus beaux Poëmes ; mais qu'on en corrompt le vers & la mesure, combien ces mêmes choses nous en semblent moins bonnes. Cependant quels que foient les avantages de la Poëſie, il ne faut pas laiſſer de continuer nôtre diſcours, & d'eſſayer, s'il n'eſt pas poſſible de celebrer auſſi bien la vertu des grands hommes par un diſcours ordinaire, que par des vers & de la Poëſie.

Quoy que la plûpart de ceux qui m'écoutent ſçachent qu'elle eſt la naiſſance d'Evagoras, je ne laiſſeray pas d'en parler pour ceux qui l'ignorent, afin que tout le monde ſçache qu'il n'a point degeneré des grands exemples qui luy ont été laiſſez. Car tout le monde demeure d'accord qu'entre les Demy-Dieux, ceux-là ſont les plus nobles, qui tirent leur origine de Jupiter; & entre ceux-là, il n'y a perſonne qui ne donne la préeminence aux Eacides: dans les autres familles, ſi on en trouve d'excellens, il s'en rencontre auſſi de mediocres: Mais ceux-cy ont eſté les plus celebres de leur temps. Car Eacus, qui eſtoit Fils de Jupiter, & Auteur de la race des Theucrides, a eu tant de merite, que la ſechereſſe affligeant la Grece, & pluſieurs hommes en eſtant morts, les Magiſtrats des Villes, lors que la calamité ne pouvoit eſtre plus grande qu'elle eſtoit, vinrent le trouver, eſperant qu'en faveur de la nobleſſe de ſa naiſſance & de ſa pieté, ils obtiendroient promptement des Dieux un remede aux maux dont ils estoient affligez. Aprés avoir esté délivrez de leurs maux, & avoir obtenu ce qu'ils souhaitoient, ils bâtirent au nom de tous les Grecs, un Temple dans Egine, où Eacus avoit prié les Dieux. Tant qu'il vécut, il eut beaucoup de gloire parmy les hommes; & aprés sa mort, on tient qu'il est allé s'asseoir, comblé d'honneur, auprés de Pluton & de Proserpine. Ses Enfans furent Telamon & Pelée, l'un desquels fut de l'entreprise d'Hercule contre Laomedon, & merita d'estre mis au premier rang, pour sa valeur ; & l'autre aprés avoir vaincu les Centaures, & s'estre rendu considerable par plusieurs autres combats, epousa, quoyque mortel, Thetis Fille de Nerée, qui estoit immortelle ; & l'on tient que ç'a esté seulement dans ces Nopces que les Dieux chanterent L'hymenée. Ils eurent tous deux des enfans : Thelamon eut Ajax & Teucer, & Pelée eut Achille, qui donnerent tous de grandes marques de leur courage. Car ils n'obtinrent pas seulement la premiere place dans leur Ville, ny dans les lieux qu'ils habiterent, mais dans l'expedition que les Grecs entreprirent contre les Barbares ; où aprés avoir assemblé une grande multitude de Soldats, en sorte que nul homme celebre n'estoit demeuré chez soy; Achille surpassa tous les autres en valeur, & Ajax eut la seconde place aprés luy. Pour Teucer, digne parent de ces grands hommes, & nullement inferieur à aucun autre, lors qu'il eut fait des merveilles dans la prise de Troye, & qu'il fut arrivé dans l'Isle de Chypre, il y bâtit la Ville de Salamine, en luy imposant le nom de son ancienne Patrie, & y laissa la Famille qui y regne presentement. Telle est donc la gloire qu'Evagoras tire de ses ancêtres. Cette Ville estant ainsi bâtie, les descendans de Teucer, y regnerent dans le commencement: quelque temps s'estant ensuite écoulé, un exilé de Phenicie y fut receu par celuy qui y regnoit, & ayant obtenu de luy beaucoup de pouvoir, n'en eut point de reconnoissance, mais viola le droit de l'hospitalité; & comme il estoit homme capable d'une mechante action, il chassa le Roy, & se mit en possession du Royaume. Effrayé par le remords de ses crimes, & voulant mettre ses affaires en seureté, il remplit la Ville de Barbares, & soûmit toute l'Isle à l'obeïssance du Roy des Perses.

Lors que les choses estoient en cet estat naquit Evagoras, dont il y eut une infinité de presages, de propheties, & de songes, par lesquels il paroissoit devoir estre élevé au dessus de la condition humaine; J'ay resolu d'obmettre toutes ces choses, non pas que je ne croye tout ce qu'on dit la dessus, mais pour faire voir à tout le monde combien je suis eloigné de n'être pas veritable dans le récit de ses belles actions, puisque je m'abstiens de dire les choses qui sont vrayes, parce qu'elles ne sont connuës que de peu de personnes. Je commenceray donc à parler de luy, par ce qui est hors de toute controverse. Estant encore enfant, il surpassa tous les autres en beauté, en force, & en modestie, avantages qui sieient bien à cet âge. Les Citoyens qui ont esté élevez avec luy, rendront témoignage de sa modestie; tous ceux qui l'ont vû, parleront de sa beauté; & les combats où il a surpassé ses égaux, feront foy de sa force. Lors qu'il fut parvenu à l'adolescence, tous ces avantages crûrent avec luy, & il s'y joignit le courage, la sagesse, & la justice, &c.

ORAISON FUNEBRE
DE MONSIEUR
DE TURENNE.

Par Mʳ Flechier, Evêque de Nismes, alors Abbé de saint Severin.

Fleverunt eum omnis populus Israel planctu magno, & lugebant dies multos, & dixerunt quomodo cecidit potens, qui salvum faciebat populum Israel ? 1. Machab. c. 9.

Tout le Peuple le pleura amerement; & aprés avoir pleuré durant plusieurs jours, ils s'écrierent : comment est mort cet homme puissant qui sauvoit le peuple d'Israël ?

JE ne puis, Messieurs, vous donner d'abord une plus haute idée du triste sujet dont je viens vous entretenir, qu'en recueillant ces termes nobles & expressifs dont l'Ecriture sainte se sert pour loüer la vie, & pour deplorer la mort du Sage & vaillant Machabée, cet Homme qui portoit la gloire de sa nation jusqu'aux extremitez de la Terre ; qui couvroit son Camp du bouclier,

& forçoit celuy des ennemis avec l'epée; qui donnoit à des Rois liguez contre luy, des deplaisirs mortels, & rejoüissoit Jacob par ses vertus & par ses exploits, dont la memoire doit estre eternelle.

Cet homme qui deffendoit les Villes de Juda, qui domptoit l'orgueil des enfans d'Ammon & d'Esaü, qui revenoit chargé de depouilles de Samarie, après avoir brûlé sur leurs propres Autels les Dieux des nations Etrangeres ; cet homme que Dieu avoit mis autour d'Israël comme un mur d'airain, où se briserent tant de fois toutes les forces de l'Asie, & qui, après avoir défait de nombreuses armées, deconcerté les plus fiers & les plus habiles Generaux des Rois de Syrie, venoit tous les ans, comme le moindre des Israelites, réparer avec ses mains triomphantes les ruines du Sanctuaire, & ne vouloit autre recompense des services qu'il rendoit à sa Patrie, que l'honneur de l'avoir servie :

Ce vaillant homme poussant enfin, avec un courage invincible, les ennemis qu'il avoit reduits à une fuite honteuse, receut le coup mortel, & demeura comme enseveli dans son triomphe. Au premier bruit de ce funeste accident, toutes les Villes de Judée furent émuës ; des ruisseaux de larmes coulerent des yeux de tous leurs habitans. Ils furent quelque temps saisis, muets, immobiles. Un effort de douleur rompant enfin ce long & morne silence, d'une voix entre-coupée de sanglots que formoient dans leurs cœurs la tristesse, la pitié, la crainte, ils s'écrierent, *Comment est mort cet homme puissant qui sauvoit le peuple d'Israël?* A ces cris, Jerusalem redoubla ses pleurs ; les voutes du Temple s'ébranlerent ; le Jourdain se troubla, & ses rivages retentirent du son de ces lugubres paroles : *Comment est mort cet homme puissant qui sauvoit le peuple d'Israël?*

Chrétiens, qu'une triste ceremonie assemble en ce lieu, ne rappellez-vous pas en vôtre mémoire ce que vous avez vû, ce que vous avez senti il y a cinq mois ? Ne vous reconnoissez-vous pas dans l'affliction que j'ay décrite ? Et ne mettez-vous pas dans vôtre esprit, à la place du Heros dont parle l'Ecriture, celuy dont je viens vous parler ? La vertu & le malheur de l'un & de l'autre sont semblables, & il ne manque aujourd'huy à ce dernier, qu'un éloge digne de luy. O si l'Esprit divin, Esprit de force & de verité, avoit enrichi mon discours de ces images vives & naturelles qui representent la vertu, & qui la persuadent tout ensemble, de combien de nobles idées remplirois-je vos esprits, & quelle impression feroit sur vos cœurs le récit de tant d'actions édifiantes & glorieuses !

Quelle matiere fut jamais plus disposée à recevoir tous les ornemens d'une grave & solide éloquence, que la vie & la mort de tres-haut & tres-puissant Prince Henry de la Tour-d'Auvergne, Vicomte de Turenne, Marechal General des Camps & Armées du Roy, & Colonel General de la Cavalerie legere: Où brillent avec plus d'éclat les effets glorieux de la vertu militaire, conduites d'armées, sieges de Places, prises de Villes, retraites honorables, campemens bien ordonnez, combats soûtenus, batailles gagnées, ennemis vaincus par la force, dissipez par l'adresse, lassez & consumez par une sage & noble patience ? Où peut-on trouver tant & de si puissants exemples, que dans les actions d'un homme sage, modeste, liberal, desinteressé, devoué au service du Prince & de la Patrie, grand dans l'adversité par son courage, dans la prosperité par sa modestie, dans les difficultez par sa prudence, dans les perils par sa valeur, dans la Religion par sa pieté ?

Quel sujet peut inspirer des sentimens

plus juftes & plus touchans, qu'une mort foudaine & furprenante, qui a fufpendu le cours de nos victoires, & rompu les plus douces efperances de la paix ? Puiffances ennemies de la France, vous vivez, & l'efprit de la charité chrétienne m'interdit de faire aucun fouhait pour vôtre mort. Puiffiez-vous feulement reconnoître la juftice de nos armes, recevoir la paix que malgré vos pertes vous avez tant de fois refufée, & dans l'abondance de vos larmes éteindre les feux d'une guerre que vous avez malheureufement allumée. A Dieu ne plaife que je porte mes fouhaits plus loin. Mais vous vivez, & je plains en cette chaire un fage & vertueux Capitaine dont les intentions étoient pures, & dont la vertu fembloit meriter une vie plus longue & plus étenduë.

Retenons nos plaintes, Meffieurs, il eft temps de commencer fon éloge & de vous faire voir comment cette Homme puiffant triomphe des ennemis de l'Etat par fa valeur, des paffions de l'ame par fa fageffe, des erreurs & des vanitez du fiecle par fa pieté. Si j'interromps cet ordre de mon difcours, pardonnez un peu de confufion dans un fujet qui nous a caufé tant de trouble. Je confondray peut-eftre quelquefois le General d'armée, le Sage, le

Chrétien. Je loüeray tantoſt les Victoires, tantoſt les vertus qui les ont obtenuës. Si je ne puis raconter tant d'actions, je les découvriray dans leurs principes, j'adoreray le Dieu des armées, j'invoqueray le Dieu de la paix, je beniray le Dieu des miſericordes, & j'attireray par tout vôtre attention, non pas par la force de l'éloquence, mais par la verité & par la grandeur des vertus dont je ſuis engagé de vous parler.

N'attendez pas, Meſſieurs, que je ſuive la coûtume des Orateurs, & que je loüe Monſieur de Turenne, comme on loüe les hommes ordinairement. Si ſa vie avoit moins d'éclat, je m'arrêterois ſur la grandeur & la nobleſſe de ſa Maiſon; & ſi ſon portrait étoit moins beau, je produirois icy ceux de ſes Anceſtres. Mais la gloire de ſes actions efface celle de ſa naiſſance; & la moindre loüange qu'on peut luy donner, c'eſt d'eſtre ſorty de l'ancienne & illuſtre Maiſon de la Tour-d'Auvergne qui a mêlé ſon ſang à celuy des Rois & des Empereurs; qui a donné des Maîtres à l'Aquitaine, des Princeſſes à toutes les Cours de l'Europe, & des Reines meſmes à la France.

Mais que dis-je? Il ne faut pas l'en loüer icy, il faut l'en plaindre; quelque glorieuſe que fût la source dont il sortoit, l'héresie des derniers temps l'avoit infectée. Il recevoit avec ce beau sang, des principes d'erreur & de mensonge, & parmy ses exemples domestiques, il trouvoit celuy d'ignorer & de combattre la verité. Ne faisons donc pas la matiere de son éloge, de ce qui fut pour luy un sujet de penitence ; & voyons les voyes d'honneur & de gloire que la Providence de Dieu luy ouvrit dans le monde, avant que sa misericorde le retirât des voyes de la perdition & de l'égarement de ses Peres.

Avant sa quatorziéme année, il commença de porter les armes. Des sieges & des combats servirent d'exercice à son enfance, & ses premiers divertissemens furent des victoires. Sous la discipline du Prince d'Orange son Oncle maternel, il apprit l'art de la guerre, en qualité de simple Soldat, & ny l'orgueil, ny la paresse ne l'éloignerent d'aucun des emplois, où la peine & l'obeissance sont attachées. On le vit en ce dernier rang de la milice ne refuser aucune fatigue & ne craindre aucun peril, faire par honneur ce que les autres faisoient par necessité, & ne se distinguer d'eux que par un plus grand attachement au travail, & par une plus noble application à tous ses devoirs,

Ainsi commençoit une vie, dont les suites devoient estre si glorieuses, semblable à ces fleuves qui s'étendent à mesure qu'ils s'éloignent de leur source, & qui portent par tout où ils coulent, la commodité & & l'abondance. Depuis ce temps il a vêcu pour la gloire & pour le salut de l'Etat. Il a rendu tous les services qu'on peut attendre d'un esprit ferme & agissant, quand il se trouve dans un corps robuste & bien constitué. Il a eu dans la jeunesse toute la prudence d'un âge avancé, & dans un âge avancé toute la vigueur de la jeunesse. Ses jours ont esté pleins selon les termes de l'Ecriture ; & comme il ne perdit pas ses jeunes années dans la mollesse & la volupté, il n'a pas esté contraint de passer les dernieres dans l'oisiveté & dans la foiblesse.

Quel peuple ennemy de la France, &c.

ORAISON FUNEBRE
Prononcée par Lysias.

SI j'avois crû, Messieurs, qu'il fût possible, en parlant de ceux qui sont renfermez dans ces tombeaux, d'égaler leurs vertus par le discours, je me plaindrois de ceux qui ont donné si peu de temps pour s'y preparer : Mais comme toute l'étenduë des temps ne suffiroit pas à tous les hommes ensemble pour composer une harangue qui repondit à la grandeur des actions de ces illustres morts, il me semble que la Ville a eu égard à ceux qui doivent parler icy, & qu'elle a bien fait de leur fournir par là une excuse envers leurs Auditeurs. Je parleray donc de ces grands Personnages, sans prétendre atteindre par mes paroles à la hauteur de leurs exploits, mais seulement de le disputer à ceux qui ont parlé devant moy ; Car leurs vertus fournissent tant de matiere, soit à ceux qui entreprennent de les celebrer par leur poësie, soit à ceux qui font des discours à leur loüange, qu'encore que ceux qui nous ont precedé en ayent dit beaucoup de choses, ils en ont encore obmis davantage,

&

& il en restera beaucoup à ceux qui viendront aprés nous. Il n'y a endroit, ny sur la terre, ny sur la mer, où on ne les connoisse, & il y en a beaucoup qui en plaignant leurs propres malheurs, celebrent leurs vertus. Je commenceray par raconter les guerres anciennes de nos Ayeuls presque déja entierement ensevelies dans l'oubly. Car il est juste que tous les hommes en conservent le souvenir ; qu'elles soient chantées par les Poëtes, qu'elles repassent dans l'esprit des gens de bien, & qu'elles soient particulierement honorées dans une conjoncture telle que celle-cy, où l'exemple des morts doit instruire & former les vivans.

Les Amazones estoient, comme l'Antiquité l'a crû, Filles de Mars, & habitoient sur les rives du Fleuve Thermodon : Elles étoient les seules d'entre les femmes de ces païs-là, qui portoient les armes : Elles ont esté les premieres qui ont monté sur des chevaux ; & qui tantôt, en surprenant leurs ennemis par ce moyen, les ont mis en fuite & en ont fait des prisonniers ; & tantôt se sont sauvées des mains de ceux qui les poursuivoient. Il sembloit qu'on devoit plûtôt les regarder comme des hommes, à cause de leur grand courage que de les mettre au rang des femmes à cause

P

de leur fexe ; & que la grandeur de leur ame les élevoit davantage au deſſus des hommes, que la foibleſſe de ce même fexe ne les abaiſſoit audeſſous d'eux. Aprés s'être rendu Maîtreſſes de pluſieurs nations, & s'être foûmis par les armes tous les peuples voiſins, & ayant appris par la Renommée la nobleſſe & la grandeur de nôtre païs, attirées par une forte eſperance de ſe couvrir de gloire, & s'étant jointes à des nations tres-belliqueuſes, elles declarerent la guerre à cette Ville. Alors s'étant adreſſées à des hommes vaillans, elles connurent que leur force & leur courage étoient proportionnez à leur condition de femme ; & la reputation de leur gloire ancienne ayant changé, il fut plus aiſé de voir qu'elles n'étoient que des femmes, par les dangers où elles ſuccomberent, que par leur vêtemens & par leur fexe. Il ne leur arriva point, comme c'eſt l'ordinaire, de devenir plus ſages par leur malheur, ny de s'en retourner chez elles raconter leur diſgrace, ou publier la valeur de nos ancêtres. Mais ayant toutes pery dans cette expedition, elles porterent la peine à leur folie. Elles conſacrerent ainſi de l'immortalité la gloire que nôtre Patrie s'étoit acquiſe, & couvrirent leur païs d'ignominie. Ainſi ayant voulu s'emparer injustement de biens qui ne leur appartenoient pas, elles perdirent avec justice les biens qui leur appartenoient.

Lors qu'Adraste & Polinice, assiegeoient Thebes, & qu'ayant été vaincus dans un combat, les Thebains ne voulurent point leur permettre d'ensevelir leurs morts; les Atheniens qui considererent que si ceux qui avoient pery dans ce combat, étoient coupables de quelque crime, ils l'avoient suffisamment expié par la derniere de toutes les peines, qui est la mort; que les enfers & les manes des défunts étoient privez des droits qui leur appartiennent; & qu'en negligeant les sacrifices necessaires en pareilles rencontres, les Dieux du Ciel en étoient offensez; commencerent par envoyer un Heraut pour leur demander la permission d'enlever les morts, estimant qu'il étoit convenable à de vaillans hommes de se vanger de leurs ennemis, lors qu'ils sont vivans, mais qu'il ne convenoit qu'à des hommes lâches de vouloir montrer leur courage en maltraitant des corps privez de vie. Leur demande ayant été refusée, ils entreprirent la guerre contre les Thebains, sans autre sujet que celuy-là, non point pour faire plaisir aux assiegeans, mais parce qu'ils trouvoient juste de faire rendre à ceux qui étoient morts en combattant les honneurs qui leur étoient dûs, faisant ainsi la guerre & pour les uns & pour les autres: Pour ceux-cy, afin qu'il ne leur arrivât plus de faire aux Morts de pareilles injustices, & d'offenser les Dieux si griévement: & pour ceux-là, afin qu'ils ne s'en retournassent pas en leur païs, sans avoir obtenu l'honneur dû à leur patrie, privez des droits de toute la Grece, & frustrez de l'esperance commune à tous les hommes. Dans cette pensée, & persuadez que le sort des armes étoit égal pour tous, ils vainquirent les ennemis, quoy qu'en bien plus grand nombre, parce qu'ils avoient la Justice de leur côté. La bonne fortune ne les éleva point ; ils ne firent souffrir aucuns supplices aux Thebains, se contentant d'opposer leur vertu à l'impieté de ces malheureux : & aprés avoir remporté la Palme pour laquelle ils étoient venus, ils ensevelirent leurs morts dans les Fauxbourgs de la Ville d'Eleusine. Voila de quelle maniere ils se comporterent envers ceux de ces sept vaillans hommes qui moururent en combatant devant Thebes.

Quelque temps aprés, lors qu'Hercule eut quitté la Terre, & que ses enfans, fuyant Eurysthée, ne trouverent aucun peuple de la Grece qui voulût les recevoir ; parce qu'encore que tous ces peuples eussent une grande véneration pour leur Pere, la crainte qu'ils avoient de la puissance d'Eurysthée, étoit encore plus grande. Ces enfans entrerent dans cette Ville, & s'étant refugiez comme suppliants auprés de nos Autels, les Atheniens refuserent de les remettre entre les mains d'Eurysthée, qui les demandoit, parce que la veneration qu'ils avoient pour la vertu d'Hercule l'emportoit sur la crainte des perils dont ils étoient menacez. Ils aimerent mieux combatre avec justice pour les foibles, que de complaire aux plus puissans, en leur abandonnant pour estre livrez aux supplices, ceux qu'ils avoient déja traitez indignement. Eurysthée leur declara la guerre, avec ceux qui dans ce temps-là habitoient le Peloponese. Les perils qui les menaçoient, ne les firent point répentir. Ils demeurerent dans leur premiere resolution, non point pour avoir receu aucun plaisir d'Hercule, qui n'avoit jamais rien fait pour eux, & sans sçavoir quels pourroient devenir les hommes qu'ils soûtenoient ; mais parce qu'ils estimoient être de la justice, (sans qu'il s'y mêlât aucun motif d'inimitié, ny aucune esperance de profit, hors celuy de l'honneur & de la gloire) de courir pour eux un si grand danger, afin d'avoir l'avantage de secourir ceux qu'on traitoit injustement ; de faire voir leur haine à ceux qui les maltraitoient, & de les empescher de faire violence à des hommes qui n'étoient point coupables. Ils étoient persuadez que c'étoit une marque de liberté, de ne faire rien par contrainte, de Justice, de secourir ceux qu'on maltraite injustement ; & de magnanimité, de mourir, s'il le faut, pour ces deux choses, la liberté & la justice. Ils étoient si animez de part & d'autre, &c.

ORAISON FUNEBRE
DE MONSIEUR
LE PRINCE DE CONDE',

Par le P. BOURDALOÜE.

Dixit quoque Rex ad servos suos : Num ignoratis quoniam Princeps & maximus cecidit hodie in Israël... Plangensque ac lugens ait : Nequaquam ut mori solent ignavi, mortuus est. 2. *Reg. c.* 33.

Le Roy luy-mesme touché de douleur, & versant des larmes dit à ses serviteurs: Ignorez-vous que le Prince est mort, & que dans sa personne nous venons de perdre le plus grand homme d'Israël... Il est mort, mais non pas comme les lasches ont coustume de mourir. Dans le 2. des Rois, ch. 33.

MONSEIGNEUR,

C'est ainsi que parla David dans le moment qu'il apprit la funeste mort d'un Prince de la Maison Royale de Judée, qui avoit commandé avec honneur les Armées du Peuple de Dieu, & c'est par l'application

P iiij

la plus heureuse que je pouvois faire des paroles de l'Escriture, l'éloge presque en mesmes termes, dont nostre auguste Monarque a honoré le premier Prince de son Sang dans l'extréme & vive douleur que lui causa la nouvelle de sa mort. Aprés un témoignage aussi illustre & aussi authentique que celuy-là, comment pourrions-nous ignorer la grandeur de la perte que nous avons faite dans la personne de ce Prince? Comment pourrions-nous ne le pas comprendre, aprés que le plus grand des Rois la ressentie, & qu'il a bien voulu s'en expliquer par des marques si singulieres de sa tendresse & de son estime. Pendant que toute l'Europe le publie, & que les nations les plus ennemies du nom François confessent hautement que celuy que la Mort vient de nous ravir, est le PRINCE & le TRES-GRAND PRINCE qu'elles ont admiré autant qu'elles l'ont redouté; comment ne le sçaurions-nous pas, & comment l'ignorerions-nous à la veuë de cette pompe funebre, qui en nous avertissant que ce Prince n'est plus, nous rappelle le souvenir de tout ce qu'il a esté, & qui d'une voix muette, mais bien plus touchante que les plus éloquens discours, semble encore aujourd'huy nous dire; *Num ignoratis quoniam Princeps & maximus cecidit in Israël?*

Je ne viens donc pas icy, Chrestiens, dans la seule pensée de vous l'apprendre. Je ne viens pas à la face des Autels étaler en vain la gloire de ce Heros, ni interrompre l'attention que vous devez aux divins mysteres, par un sterile, quoique magnifique recit de ses éclatantes actions. Persuadé plus que jamais que la Chaire de l'Evangile n'est point faite pour des éloges profanes, je viens m'acquitter d'un devoir plus conforme à mon ministere. Chargé du soin de vous instruire, & d'exciter vôtre pieté par la veuë mesme des grandeurs humaines, & du terme fatal où elles aboutissent, je viens satisfaire à ce que vous attendez de moy. Au lieu des prodigieux exploits de guerre, au lieu des victoires & des triomphes, au lieu des éminentes qualités du PRINCE DE CONDE', je viens, touché de choses encore plus grandes & plus dignes de vos reflexions, vous raconter les misericordes que Dieu luy a faites, les desseins que la Providence a eus sur luy, les soins qu'elle a pris de luy, les graces dont elle l'a comblé, les maux dont elle l'a preservé, les precipices & les abîmes d'où elle l'a tiré, les voyes de predestination & de salut par où il luy a plû de le conduire, & l'heureuse fin dont malgré les puissances de l'Enfer elle a terminé

P v

sa glorieuse course. Voilà ce que je me suis proposé, & les bornes dans lesquelles je me renferme.

Je ne laisseray pas, & j'auray même besoin pour cela, de vous dire ce que le monde a admiré dans ce Prince; mais je le diray en Orateur Chrestien, pour vous faire encore davantage admirer en luy les conseils de Dieu. Animé de cet esprit, & parlant dans la Chaire de la verité, je ne craindray point de vous parler de ses malheurs : je vous feray remarquer les écüeils de sa vie ; je vous avoüeray même, si vous voulez, ses égaremens : mais jusques dans ses malheurs, vous découvrirez avec moy des tresors de graces ; jusques dans ses égaremens vous reconnoistrez les dons du Ciel, & les vertus dont son ame estoit ornée. Des écüeils même de sa vie vous apprendrez à quoy la Providence le destinoit, c'est à dire, à estre pour luy-même un vase de misericorde, & pour les autres un exemple propre à confondre l'impieté. Or tout cela vous instruira, ou vous édifiera.

Il s'agit d'un Heros de la Terre ; car c'est l'idée que tout l'univers a eüe de ce Prince. Mais je veux aujourd'huy m'élever au dessus de cette idée, en vous proposant le PRINCE DE CONDÉ comme un Heros predeftiné pour le Ciel : & dans cette feule parole confifte le précis & l'abregé du difcours que j'ay à vous faire. Je fçay qu'ofer louër ce grand homme, c'eft pour moy une efpece de temerité, & que fon éloge eft un fujet infini, que je ne rempliray pas ; mais je fçay bien que vous eftes affez équitables pour ne pas exiger de moy que je le rempliffe ; & ma confolation eft que vous me plaignez plûtoft de la neceffité où je me fuis trouvé de l'entreprendre. Je fçay le defavantage que j'auray de parler de ce grand homme à des auditeurs déja prevenus fur le fujet de fa perfonne d'un fentiment d'admiration & de veneration, qui furpaffera toûjours infiniment ce que j'en diray. Mais dans l'impuiffance d'en rien dire qui vous fatisfaffe, j'en appelleray à ce fentiment general dont vous eftes déja prevenus ; & profitant de vôtre difpofition, j'iray chercher dans vos cœurs & dans vos efprits ce que je ne trouveray pas dans mes expreffions & dans mes penfées.

Il s'agit, dis-je, d'un Heros predeftiné de Dieu, & voicy comme je l'ay conçû ; écoutez en la preuve, peut-eftre en ferez-vous d'abord perfuadez. Un Heros à qui Dieu par la plus finguliere de toutes les graces, avoit donné, en le formant, un cœur folide pour foûtenir le poids de fa

P vj

propre gloire ; un cœur droit pour servir de ressource à ses malheurs, & puis qu'une fois j'ay osé le dire, à ses propres égaremens : & enfin un cœur Chrétien pour couronner dans sa personne une vie glorieuse par une sainte & precieuse mort. Trois caracteres dont je me suis senti touché, & ausquels j'ay crû devoir d'autant plus m'attacher, que c'est le Prince luy-même qui m'a donné lieu d'en faire le partage, & qui m'en a tracé comme le plan dans cette derniere lettre qu'il écrivit au Roy son souverain, en même temps qu'il se preparoit au jugement de son Dieu, qu'il alloit subir. Vous l'avez veuë, Chrétiens, & vous n'avez pas oublié les trois temps & les trois états où luy-même il s'y represente: son entrée dans le monde marquée par l'accomplissement de ses devoirs, & par les services qu'il a rendus à la France : le milieu de sa vie où il reconnoist avoir tenu une conduite qu'il a luy-même condamnée : & sa fin consacrée au Seigneur par les saintes dispositions dans lesquelles il paroist qu'il alloit mourir. Car prenez garde, s'il vous plaist, ses services & la gloire qu'il avoit acquise, demandoient un cœur aussi solide que le sien, pour ne s'en pas enfler ni élever. Ses malheurs, & ce qu'il a lui-même envisagé comme les écueils de sa vie, demandoient un cœur auſſi droit, pour eſtre le premier à les condamner, & pour avoir tout le zele qu'il a eu de les reparer: & ſa mort, pour eſtre auſſi ſainte & auſſi digne de Dieu qu'elle l'a eſté, demandoit un cœur plein de foy, & veritablement chreſtien.

C'eſt donc ſur les qualitez de ſon cœur que je fonde aujourd'huy ſon éloge. Ce cœur dont nous conſervons aujourd'huy le premier depoſt, & qui ſera éternellement l'objet de noſtre reconnoiſſance: ce cœur que la Nature avoit fait ſi grand, & qui ſanctifié par la grace de Jeſus-Chriſt, s'eſt trouvé à la fin un cœur parfait: ce cœur de Heros, qui aprés s'eſtre raſſaſié de la gloire du monde, s'eſt par un humble penitence ſoûmis à l'empire de Dieu; je veux l'expoſer à vos yeux; je veux vous en faire connoiſtre la ſolidité, la droiture & la pieté. Donnez-moy, Seigneur, vous à qui ſeul appartient de ſonder les cœurs, les graces & les lumieres dont j'ay beſoin pour traitter ce ſujet chreſtiennement. Le voicy, mes chers auditeurs, renfermé dans ces trois penſées. Un cœur dont la ſolidité a eſté à l'épreuve de toute la gloire dont l'homme eſt capable: c'eſt ce qui fera le ſujet de voſtre admiration. Un cœur dont la droiture s'eſt fait voir juſques dans les trois eſtats de la vie les plus malheureux, & qui y paroiſſoient les plus oppoſez; c'eſt ce qui doit eſtre le ſujet de voſtre inſtruction Un cœur dont la Religion & la pieté ont éclaté dans le temps de la vie le plus important, & dans le jour du ſalut, qui eſt principalement celuy de la mort: c'eſt ce que vous pourrez vous appliquer, pour en faire le ſujet de voſtre imitation: & ce ſont les trois parties du devoir funebre que je vais rendre à la memoire de TRES-HAUT, TRES-PUISSANT & TRES-EXCELLENT PRINCE LOUIS DE BOURBON, PRINCE DE CONDÉ, & LE PREMIER PRINCE DU SANG.

De quelque maniere que nous jugions des choſes, & quelque idée que nous nous formions du merite des Princes, ne nous flattons pas Chrétiens, il eſt rare de trouver un vray merite, & plus rare encore d'y trouver un merite parfait; & ſouverainement rare, ou plûtôt rare juſqu'au prodige d'y trouver tous les genres de merite raſſemblés & reünis dans un même ſujet. Mais c'eſt, &c.

PANEGYRIQUE DE TRAJAN,

PAR PLINE II.

Traduit par Mr. *l'Abbé* ESPRIT.

MESSIEURS,

C'est avec beaucoup de sagesse que nos Ancestres ont introduit la coustume de commencer par la Priere, non seulement les affaires qu'on doit traitter, mais aussi les discours qu'on prononce : parce que les hommes ne sçauroient rien entreprendre comme il faut, sans le conseil & l'assistance des Dieux immortels.

Cette coustume par qui doit-elle estre plustost observée, que par un Consul ? Et quand est-ce que nous devons la suivre plus religieusement, que dans les occasions où les ordres du Senat & de la Republique nous obligent à rendre des actions de graces au meilleur Prince de la terre ?

En effet, les Dieux peuvent-ils nous faire un present plus magnifique, que de nous donner un Empereur vertueux, & qui leur soit parfaitement semblable? Aussi l'on ne sçauroit douter qu'ils n'ayent élevé nostre Prince à l'Empire, quand même on douteroit encore si la fortune, ou quelque divinité, dispose de la souveraine puissance : car il n'y est point parvenu par une secrette force du destin ; Jupiter l'a choisi publiquement devant ses autels, & dans un lieu où il n'est pas moins present & visible que dans le ciel même.

Souverain Maistre des Dieux, qui avez fondé cet Empire, & qui le conservez maintenant ; la raison & la pieté m'obligent à vous demander les lumieres dont j'ay besoin pour ne rien dire qui ne soit digne d'un Consul, du Senat, & du Prince ; que la liberté dont nous jouissons, la bonne foy & la verité paroissent dans tout mon discours ; & que le remerciment que je dois faire, soit d'autant moins suspect de flaterie, qu'elle est inutile dans le sujet que je traite.

En effet, non seulement un Consul, mais chaque citoyen en particulier, doit éviter de parler de nostre Prince d'une maniere qui puisse faire croire qu'on eust pû dire d'un autre Empereur ce qu'on dit de luy. C'est pourquoy bannissons de nos discours tout ce que la crainte nous inspiroit, changeons de langage, nous avons changé de fortune : & ne difons point en public de noftre Empereur les mefmes chofes que nous difions des autres, puifque nous ne parlons pas de luy en fecret, comme nous parlions de fes predeceffeurs: que la diverfité de nos difcours marque vifiblement la diverfité des temps, & que la moderation que je garderay dans cette action de graces, faffe connoiftre à la Pofterité pour quel Prince, & en quelle occafion elle a efté faite.

Ce n'eft plus le temps de flatter l'Empereur jufqu'à le mettre au rang des Dieux ; nous ne parlons point, ni d'un Tyran, ni d'un Maître, mais d'un Citoyen & d'un Pere: il fe regarde comme un fimple Senateur ; mais il ne s'éleve jamais davantage que lors qu'il croit eftre dans un rang égal au noftre, & il fe fouvient également & qu'il eft homme, & qu'il commande à des hommes.

Connoiffons donc les biens dont il nous a comblez, montrons que nous les meritons en nous en fervant, & penfons en même temps fi c'eft rendre une plus fidele obeïffance aux Princes de fe rejouïr plûtoft de la fervitude que de la liberté des citoyens.

Le peuple même rend juftice aux Empereurs qui ont du merite. S'il avoit loué auparavant la beauté de Domitien, il celebre maintenant la magnanimité de Trajan; & comme il s'écrioit sur la voix & sur le geste de Neron, il s'écrie sur la pieté, sur la moderation & sur la clemence de nostre Prince.

Que ne disons-nous pas nous-mêmes sur son sujet ? Ne loüons-nous point d'un commun accord, tantost sa sagesse, tantost sa douceur, & tantost sa temperance, selon que l'amour & la joye nous l'inspirent ? Qu'y a-t'il de plus digne du Senat & des citoyens, que le titre de Tres-bon, que nous avons ajousté à tous les autres qu'il avoit reçû de nous, & que l'arrogance de ses predecesseurs luy a rendu propre ?

Aussi rien n'est si juste ni si ordinaire dans la Republique, que de publier que nous sommes heureux, & qu'il est heureux luy-mesme : nous le prions tour à tour, qu'il continuë à faire ce qu'il fait, & qu'il écoute les louanges que nous luy donnons, comme des choses que nous ne dirions point s'il ne les avoit point meritées.

Mais lorsque nous luy faisons cette priere, les larmes & la pudeur se répandent sur son visage, car il connoist, & même il fent que ces paroles s'adreſſent à lui-même, & non à l'Empereur.

Il faut donc que chaque particulier garde dans les éloges meditez, la même moderation que nous avons tous gardée en le loüant dans les premiers mouvemens de noſtre zele, & que nous ſoyons perſuadez que le plus ſeur moyen de plaire à l'Empereur en le remerciant, eſt d'imiter les acclamations publiques, où l'eſprit n'a pas le temps de ſe concerter, & de déguiſer ſes penſées.

Pour moy, je taſcheray d'accommoder mon diſcours à la modeſtie de l'Empereur; & je ne m'appliqueray pas moins à choiſir des loüanges qu'il puiſſe écouter ſans peine, qu'à faire reflexion ſur tout ce que nous devons à ſa vertu.

Voicy, Meſſieurs, une choſe bien glorieuſe, & qui n'a point d'exemple : eſtant ſur le point de rendre graces à noſtre Prince, je crains bien moins qu'il trouve ſon éloge trop court, que je ne crains qu'il le trouve trop eſtendu : voilà tout le ſoin, voilà toute la difficulté qui me geſne. Car vous voyez bien, Meſſieurs, qu'il eſt aiſé de faire des remercimens à un Empereur qui les merite.

En effet, lorſque je parleray de ſa douceur, de ſa frugalité, de ſa clemence, de sa liberalité, de sa bonté, de sa continence, de sa vigilance & de son courage, je ne crains pas qu'il s'imagine que je luy reproche adroitement son orgueil, sa magnificence excessive, sa cruauté, son avarice, son envie, sa volupté, sa paresse & sa lascheté: je ne crains pas mesme que je luy déplaise, ou que je luy sois agreable, selon qu'il trouvera mon discours, ou trop vuide, ou suffisamment remply; car je prends garde que les Dieux mêmes sont plus touchez de l'innocence & de la sainteté, que des Prieres meditées de leurs adorateurs; & que celuy qui paroist devant leurs autels avec une intention pure, leur est beaucoup plus agreable que celuy qui les invoque avec des paroles estudiées.

Mais il est temps d'obéir à l'arrest du Senat, qui a fondé sur l'utilité publique la coustume de remercier les Princes par l'organe d'un Consul, afin que les bons reconnussent les bonnes actions qu'ils faisoient, & les méchans celles qu'ils devoient faire.

On doit d'autant moins manquer à ce devoir envers nostre Empereur, qu'il oste aux particuliers la liberté de faire son éloge, & que même il n'écouteroit point les louanges que la Republique luy destine, s'il croyoit qu'il luy fust permis de s'imposer une loy contraire à celle du Senat.

Oui, Cesar Auguste, deux choses montrent également combien vous estes modeste ; l'une, de souffrir qu'on vous loue icy ; l'autre, de le deffendre ailleurs. Vous ne vous estes point attiré cet honneur, le Senat & la Republique vous le rendent de leur propre mouvement : vous gesnez vos inclinations en faveur des nôtres ; & bien loin que vous nous ayez imposé la necessité de publier vos bienfaits, c'est nous qui vous forçons d'en écouter le recit.

Messieurs j'ay souvent appliqué mon esprit à rechercher toutes les qualitez necessaires à celuy qui tiendroit sous son Empire la terre & la mer, & qui seroit le souverain arbitre de la paix & de la guerre : mais quoy qu'un tel Prince, qui meriteroit de jouïr d'une puissance égale à celle des Dieux, soit l'ouvrage de mon imagination, je ne conçois rien de semblable non pas même en idée & selon mes desirs, à l'Empereur que nous voyons. Quelqu'un de ceux qui l'ont precedé, s'est acquis une reputation éclatante dans la guerre, mais il l'a perduë dans la paix : un autre s'est rendu recommandable par la Magistrature ; mais il ne s'est point signalé par les armes : celuy-là s'est fait respecter par sa cruauté, celuy-cy s'est fait aimer par sa clemence : l'un s'est decrié dans la suprême puissance, aprés avoir remply parfaitement toutes les obligations domestiques, l'autre a perdu dans le gouvernement de sa Famille, la gloire qu'il avoit acquise dans les penibles fonctions de l'Empire, enfin il n'y en a pas un seul jusques-icy qui n'ait flêtri ses vertus par quelque vice.

Mais il n'en est pas ainsi de nôtre Empereur. Que toutes les vertus sont bien unies en sa personne! Y a-t'il quelque sorte de gloire qu'il n'ait acquise, & de louange qu'il n'ait meritée ? Voyez si pour estre gay & facile, il en est moins severe & moins grave, & si la douceur diminuë quelque chose de sa Majesté ? Mais la force de son corps, sa taille, sa mine, & ces marques de vieillesse dont les Dieux ont orné se chevelûre avant le temps, afin de relever la Majesté de sa personne, ne feroient t'elles pas distinguer en tous lieux nôtre Empereur des autres hommes ?

Celuy que les Citoyens ont élevé, non dans le desordre des guerres étrangeres & civiles, mais dans la paix: celuy que l'adoption & les Dieux flechis enfin par nos prieres, ont mis sur le thrône, ne pouvoit estre moins accomply. Eut-t'il esté juste Messieurs qu'il n'y eût point eu de difference, &c.

EXTRAIT D'UNE LETTRE DE Mr DE VOITURE, OU IL FAIT L'ELOGE DE MONSIEUR LE CARDINAL DE RICHELIEU.

JE ne suis pas de ceux qui ayant dessein, comme vous dites, de convertir des Eloges en brevets, font des miracles de toutes les actions de Monsieur le Cardinal, & portent ses loüanges au dela de ce que peuvent & doivent aller celles des hommes ; & à force de vouloir trop faire croire de bien de luy, n'en disent que des choses incroyables. Mais aussi n'ay-je pas cette basse malignité de haïr un homme à cause qu'il est au dessus des autres, & je ne me laisse pas emporter aux affections ny aux haines publiques, que je sçay être quasi toûjours fort injustes. Je le considere avec un jugement que la passion ne fait pancher, ny d'un côté, ny d'autre : & je le voy des mêmes yeux dont la Posterité le verra. Mais lors que dans deux cens ans, ceux qui viendront aprés nous, liront dans nôtre histoire, que le Cardinal de Richelieu a demoly la Rochelle, & abbatu l'heresie ; & que par un seul traité, comme par un coup de rets, il a pris trente ou quarante de ses Villes pour une fois : lors qu'ils apprendront que du temps de son ministere les Anglois ont été batus & chassez, Pignerol conquis, Casal secouru, toute la Lorraine jointe à cette Couronne, la plus grande partie de l'Alsace mise sous nôtre pouvoir, les Espagnols défaits à Veillane & à Avein, & qu'ils verront que tant qu'il a presidé à nos affaires, la France n'a pas un voisin sur lequel elle n'ait gagné des places ou des batailles : s'ils ont quelque goutte de sang François dans les veines, & quelque amour pour la gloire de leur pays, pourront-ils lire ces choses sans s'affectioner à luy ? Et à vôtre avis l'aimeront ils ou l'estimeront-ils moins, à cause que de son temps les rentes sur l'hôtel de Ville se seront payées un peu plus tard, ou que l'on aura mis quelques nouveaux Officiers dans la Chambre des Comptes ? Toutes les grandes choses coûtent beaucoup ; les grands efforts abatent, & les puissans remedes affoiblissent. Mais si l'on doit regarder les Etats comme immortels, & y considerer les commoditez à venir, comme presentes, présentes, contons combien cet homme que l'on dit qui a ruiné la France, luy a épargné de millions par la seule prise de la Rochelle, laquelle d'icy à deux mille ans, dans toutes les Minoritez des Rois, dans tous les mécontentemens des Grands, & dans toutes les occasions de revolte, n'eût pas manqué de se rebeller, & nous eut obligé à une eternelle dépense. Ce Royaume n'avoit que deux sortes d'ennemis qu'il deût craindre, les Huguenots & les Espagnols. Monseigneur le Cardinal entrant dans les affaires, se mit dans l'esprit de ruiner tous les deux. Pouvoit-il former de plus glorieux ny de plus utiles desseins? Il est venu à bout de l'un, & n'a pas achevé l'autre. Mais s'il eût manqué au premier, ceux qui crient à cette heure, que ç'a esté une resolution temeraire, hors de temps, & au dessus de nos forces, que de vouloir attaquer & abatre celles d'Espagne, & que l'experience l'a bien montré, n'auroient-ils pas condamné de même le dessein de perdre les Huguenots? n'auroient-ils pas dit qu'il ne falloit pas recommencer une entreprise où trois de nos Rois avoient manqué, & à laquelle le feu Roy n'avoit osé penser? Et n'eussent-ils pas conclu, aussi faussement qu'ils font en cette autre affaire; que la chose n'estoit pas faisable, à cause qu'elle n'avoit pas esté faite ? Mais jugeons, je vous supplie, s'il a tenu à luy, ou à la fortune, qu'il ne soit venu à bout de ce dessein. Considerons quel chemin il a pris pour cela, quels ressorts il a fait joüer. Voyons s'il s'en est fallu beaucoup qu'il n'ait renversé ce grand arbre de la Maison d'Autriche, & s'il n'a pas ébranlé jusques aux racines ce tronc, qui de deux branches couvre le Septentrion & le Couchant, & qui donne de l'ombrage au reste de la Terre. Il fut chercher jusques sous le pole, ce Heros qui sembloit destiné à y mettre le fer, & à l'abbattre. Il fut l'esprit mêlé à ce foudre, qui a remply l'Alemagne de feu & d'éclairs, & dont le bruit a esté entendu par tout le monde. Mais quand cet orage fut dissipé, & que la fortune en eut detourné le coup, s'arrêta-t'il pour cela ? & ne mit-t'il pas encore une fois l'Empire en plus grand hazard qu'il n'avoit esté par les pertes de la bataille de Leipsic, & de celle de Lutzen ? Son adresse & ses pratiques nous firent avoir tout d'un coup une armée de quarante mille hommes dans le cœur de l'Alemagne, avec un Chef qui avoit toutes les qualitez qu'il faut pour faire un changement dans un Etat. Que si le Roy de Suéde s'est jetté dans le peril plus avant que ne devoit un homme de ses desseins & de sa condition, & si le Duc de Fridlandt, pour trop differer son entreprise, l'a laissée decouvrir; pouvoit t'il charmer la balle qui a tué celuy-là au milieu de sa victoire, ou rendre celuy-cy impenetrable aux coups de pertuisane? Que si ensuite de tout cela, pour achever de perdre toutes choses, les Chefs qui commandoient l'armée de nos Alliez devant Norlinghen. donnerent la bataille à contre-temps, étoit t'il au pouvoir de Monsieur le Cardinal étant à deux cent lieuës de là, de changer ce conseil, & d'arrester la précipitation de ceux qui pour un Empire (car c'étoit le prix de cette victoire) ne voulurent pas attendre trois jours? Vous voyez donc, que pour sauver la Maison d'Autriche, & pour détourner ses desseins, que l'on dit à cette heure avoir esté si temeraires, il a fallu que la fortune ait fait depuis trois miracles, c'est à dire, trois grands évenemens, qui vray-semblablement ne devoient pas arriver, la mort du Roy de Suéde, celle du Duc de Fridlandt, & la perte de la bataille de Norlinghen. Vous me direz qu'il ne se peut pas plaindre de la fortune pour l'avoir traversé en cela, puis qu'elle la servi, si fidelement dans toutes les autres choses; que c'est elle qui luy a fait prendre des places, sans qu'il en eût jamais assiegé auparavant ; qui luy a fait commander heureusement des armées, sans aucune experience ; qui l'a mené toûjours comme par la main, & sauvé d'entre les précipices où il étoit jetté ; & enfin qui l'a fait souvent paroître hardy, sage & prévoyant. Voyons-le donc dans la mauvaise fortune ; & examinons s'il y a eu moins de hardiesse, de sagesse & de prévoyance. Nos affaires n'alloient pas trop bien en Italie ; & comme c'est le destin de la France de gagner des batailles, & de perdre des armées, la nôtre étoit fort déperie depuis la derniere victoire qu'elle avoit emportée sur les Espagnols. Nous n'avions guere plus de bonheur devant Dole, où la longueur du siege nous en faisoit attendre une mauvaise issuë ; quand on sçeut que les ennemis étoient entrez en Picardie ; qu'ils avoient pris d'abord la Capelle, le Castelet & Corbie ; & que ces trois Places, qui les devoient arrester plusieurs mois, les avoient à peine arrêtez huit jours. Tout est en feu jusques sur les bords de la riviere d'Oise. Nous pouvons voir de nos fauxbourgs la fumée des villages qu'ils nous brûlent. Tout le monde prend l'allarme, & la capitale Ville du Royaume est en effroy. Sur cela on a avis de Bourgogne que le siege de Dole étoit levé ; & de Xaintonge, qu'il y a quinze mille Paysans revoltez, qui tiennent la Campagne ; & que l'on craint que le Poitou & la Guyenne ne suivent cet exemple. Les mauvaises nouvelles viennent en foule ; le Ciel est couvert de tous côtez ; l'orage nous bat de toutes parts, & il ne nous luit pas de quelque endroit que ce soit, un rayon de bonne fortune. Dans ces ténèbres Monsieur le Cardinal a t'il vû moins clair ? a t'il perdu la Tramontane ? durant cette tempête n'a t'il pas toûjours tenu le gouvernail d'une main, & la boussole de l'autre ? S'est-il jetté dans l'esquif pour se sauver ? Et si le grand vaisseau qu'il conduisoit, avoit à se perdre, n'a t'il pas témoigné qu'il y vouloit mourir devant tous les autres ? Est-ce la fortune qui l'a tiré de ce labyrinthe, ou si ç'a esté sa prudence, & sa magnanimité ? Nos ennemis sont à quinze lieuës de Paris, & les siens sont dedans. Il a tous les jours avis, que l'on y fait des pratiques pour le perdre. La France & l'Espagne, par maniere de dire, sont conjurées contre luy seul. Quelle contenance a tenu parmy tout cela cet homme que l'on disoit qui s'étonneroit au moindre mauvais succez, & qui avoit fait fortifier le Havre pour s'y jetter à la premiere mauvaise fortune ? Il n'a pas fait une demarche en arriere pour cela. Il a songé aux perils de l'Etat, & non pas aux siens; & tout le changement que l'on a vû en luy durant ce temps, est, qu'au lieu qu'il n'avoit accoûtumé de sortir qu'accompagné de deux cens Gardes, il se promena tous les jours, suivy seulement de cinq ou six Gentils-hommes. Il faut avoüer qu'une adversité soutenuë de si bonne grace, & avec tant de force, vaut mieux que beaucoup de prosperitez & de victoires. Il ne me sembla pas si grand ny si victorieux le jour qu'il entra dans la Rochelle, qu'il me le parut alors : & les voyages qu'il fit de sa maison à l'Arcenal me semblent plus glorieux pour luy, que ceux qu'il a faits de là les monts, & desquels il est revenu avec Pignerol & Suze. Ouvrez donc les yeux, je vous supplie, à tant de lumière. Ne haïssez pas plus long-temps un homme qui est si heureux à se vanger de ses ennemis : & cessez de vouloir du mal à celuy qui le sçait tourner à sa gloire, & qui le porte si courageusement. Quittez vôtre party devant qu'il vous quitte, aussi bien une grande partie de ceux qui haïssoient Monsieur le Cardinal se sont convertis par le dernier miracle qu'il vient de faire. Et si la guerre peut finir, comme il y a apparence de l'esperer, il trouvera moyen de gagner bien-tôt tous les autres. Etant si sage qu'il est, il a connu, aprés tant d'experience, ce qui est de meilleur : & il tournera ses desseins à rendre cet Etat le plus florissant de tous, aprés l'avoir rendu le plus redoutable. Il s'avisera d'une sorte d'ambition qui est plus belle que toutes les autres, & qui ne tombe dans l'esprit de personne : de se faire le meilleur & le plus aimé d'un Royaume, & non pas le plus grand & le plus craint. Il connoît que les plus nobles & les plus anciennes conquêtes, sont celles des cœurs & des affections ; que les lauriers sont des plantes infertiles, qui ne donnent au plus que de l'ombre, & qui ne valent pas les moissons & les fruits dont la paix est couronnée. Il void qu'il n'y a pas tant de sujet de loüange à étendre de cent lieuës les bornes d'un Royaume, qu'à diminuer un sol de la taille ; & qu'il y a moins de grandeur & de veritable gloire à défaire cent mille hommes, qu'à en mettre vingt millions à leur aise & en seureté. Aussi ce grand esprit qui n'a esté occupé jusqu'à present qu'à songer aux moyens de fournir aux frais de la guerre, à lever de l'argent & des hommes, à prendre des Villes, & à gagner des batailles, ne s'occupera desormais qu'à rétablir le repos, la richesse, & l'abondance. Cette même teste qui nous a enfanté Pallas armée, nous la rendra, avec son olive, paisible, douce, & sçavante & suivie de tous les Arts qui marchent d'ordinaire avec elle. Il ne se fera plus de nouveaux Edits, que pour régler le luxe, & pour rétablir le commerce. Ces grands Vaisseaux qui avoient esté faits pour porter nos armes au delà du détroit, ne serviront qu'à conduire nos marchandises, & à tenir la mer libre ; & nous n'aurons plus la guerre qu'avec les Corsaires. Alors les ennemis de Monsieur le Cardinal ne sçauront plus que dire contre luy, comme ils n'ont sceu que faire jusqu'à cette heure. Alors les Bourgeois de Paris seront ses Gardes ; & il reconnoîtra combien il est plus doux d'entendre ses loüanges dans la bouche du peuple, que dans celles des Poëtes. Prevenez ce temps-là, je vous conjure, & n'atendez pas à être de ses amis jusqu'à ce que vous y soyez contraint. Que si vous voulez demeurer dans vôtre opinion, je n'entreprens pas de vous l'arracher par force. Mais aussi ne soyez pas si injuste, que de trouver mauvais que j'aye défendu la mienne : & je vous promets que je liray volontiers tout ce que vous m'écrirez, quand les Epagnols auront repris Corbie. Je suis, &c.

LETTRE
DE PLINE LE JEUNE,
A GALLUS:

Où il décrit une de ses Maisons de Campagne.

VOUS vous étonnez que mon *Laurentinum* ou mon *Laurens*, si vous voulez, me plaise si fort ? vous cesserez de vous en estonner quand vous connoistrez les agremens de cette Maison de campagne, la commodité de sa situation & l'étenduë du rivage où elle est placée. Elle n'est éloignée de Rome que de dix-sept mille, en sorte qu'on peut y aller aprés avoir employé tout le jour à ses affaires. On y va par plus d'un chemin ; car la voye Laurentine & la voye d'Ostie menent au même endroit, mais il faut laisser la premiere à la quatorziéme pierre, & l'autre à la onziéme. L'une & l'autre aboutit à un chemin sablonneux, fâcheux & long pour les voitures ; mais doux & court pour ceux qui vont à Cheval. A droite & à gauche la veuë est diversifiée ; car tantôt le chemin

Q v

se retressit par les bois que l'on rencontre, tantôt il s'élargit en passant dans des prez spacieux, où se voyent plusieurs troupeaux de moutons, plusieurs chevaux & plusieurs bœufs, & qui lorsque l'hyver a quitté les montagnes, s'embellissent par les herbes nouvelles, & par la douce chaleur du Printemps. La maison est commode & n'est pas d'un grand entretien, on rencontre d'abord un vestibule simple & modeste, mais non pas chetif & mesquin, & ensuite une gallerie ayant la figure de la lettre O. ces deux pieces renferment une cour petite à la verité, mais agreable, ce sont des reduits fort commodes contre le mauvais temps ; car ils sont deffendus par des *vitrages & encore mieux par des bâtimens qui en sont fort proches. Entre ces bâtimens, il y a une cour fort gaye, & tout auprés une assez belle salle à manger, qui s'estend le long du rivage, & qui lors que le vent d'Afrique agite un peu la mer, en est baignée par les dernieres de ses vagues, rompuës & affoiblies. Elle a de tous côtez de grandes portes ou des fenestres aussi grandes que les portes, ainsi & à droite & à gauche & par le devant elle regarde com-

* C'estoit une espece de talc fendu en lames fort minces, & assemblées dans des chassis, comme le sont nos vitrages.

me trois differentes mers, & par l'autre elle voit la cour, la gallerie, la place, une autre gallerie, le vestibule, des forests & des montagnes éloignées; à la gauche de cette salle il y a une grande chambre à coucher un peu plus retirée, ensuite une moins grande qui reçoit le Soleil levant par une de ses fenestres, & le Soleil couchant par l'autre, cette chambre voit aussi la mer sous ses fenestres d'un peu plus loin veritablement, mais avec plus de tranquillité. Entre cette chambre & la salle à manger, est un reduit qui reçoit le soleil à plein, & qui en redouble la chaleur, c'est un lieu bon pour l'hiver, & qui sert aussi à mes gens pour y faire leurs exercices; on n'y entend aucun vent, hors ceux qui rendent le temps couvert, & qui chassent la serenité du Ciel avant que de rendre le lieu inutile en le refroidissant. A ce reduit est joint une chambre voûtée dont les fenestres voyent tout le cours du soleil, le long des murs de cette chambre sont des Armoires qui forment une espece de bibliotheque, où il y a des livres, non pas tant pour être lûs de suite, que pour être parcourus à diverses reprises. Tout auprés est un lieu pour dormir, avec un passage entre deux, qui étant suspendu & garni de planches, tempere la chaleur qu'il a receuë d'une maniere qui la rend plus saine, &

la diſtribue de tous coſtez. Le reſte de cette aiſle de baſtiment ſert à loger les valets, & les affranchis, en ſorte pourtant qu'il s'y trouve quelques pieces aſſez propres pour y loger des Eſtrangers. Dans l'autre aiſle il y a une chambre tres-propre & tres-polie, enſuite une grande chambre, où une ſalle à manger qui eſt fort éclairée & du ſoleil & de la mer. Enſuite eſt une chambre avec ſon antichambre bonne pour l'eſté à cauſe de ſon exhauſſement, & bonne pour l'hyver à cauſe des vitrages dont elle eſt fermée ; car elle eſt à l'abry de tous les vents. A cette chambre ſe joint une autre chambre avec ſon antichambre, par le mur qui leur eſt commun. Enſuite eſt le lieu des bains d'eau fraiſche, grand & ſpacieux. Des murs des deux côtez ſortent deux cuves en demy rond aſſez grandes pour nager s'il en prenoit envie, tout auprés eſt le lieu des parfums & des caſſolettes & le fourneau du bain. Enſuitte ſont deux cabinets plus propres que magnifiques, qui touchent à un grand bain d'eau chaude, d'une beauté admirable, d'où ceux qui y nagent voyent la mer. Non loin delà eſt un jeu de paulme expoſé à la grande chaleur du Soleil couchant. Là s'éleve une Tour dans laquelle il y a deux ſalles en bas, & autant au deſſus, & outre cela un lieu à manger, qui voit la pleine mer, des rivages fort étendus, & des maisons de campagne fort agreables. Il y a encore une autre Tour en laquelle est une chambre où l'on voit lever & coucher le Soleil. Ensuite est un grand sellier & un grenier. Au dessous est un lieu pour manger, où l'on n'entend que le bruit de la mer, quand elle est agitée encore ne l'entend t'on que quand il est affoibly & sur ses fins. On voit de là le Jardin & le promenoir dont il est entouré; ce promenoir est ceint de buis, & où le buis finit, il l'est de romarin, car le buis, dans les endroits où il est défendu par les bastimens, devient & se conserve admirablement vert sous un Ciel decouvert & en plein vent, mais il se seche où il est exposé à la broüine qu'envoyent les vagues de la mer quoy qu'assez éloignée. Joignant ce promenoir, & en dedans est une vigne fort tendre & fort touffüe qui sembleroit molle & obeïssante aux pieds quand même ils seroient nuds. Une grande quantité de meuriers & de figuiers remplissent le jardin, cette terre est tres fertile en ces sortes d'arbres, mais peu favorable pour tous les autres. La salle à manger joüit de cette veuë, qui n'est pas moins agreable que celle de la mer dont elle est éloignée: elle est entourée par derriere de deux cabinets qui ont sous leur fenestres le vestibule de la maison & un autre jardin ruſtique & abondant en fruits. De là s'étend une grande grotte en forme de gallerie, qui tient de la magnificence des ouvrages publics, elle a des feneſtres des deux côtez, il y en a davantage du côté de la mer que du côté du jardin & celles d'en haut ſont en moins grand nombre, on les ouvre toutes quand il fait beau temps, & quand il fait vent on ouvre ſeulement celles du côté où l'air eſt tranquille. Au devant de la grotte eſt le lieu des exercices tout parfumé de violettes qui reçoit de la chaleur des murs de cette grotte par la reverberation du Soleil, au dela eſt une cour qui reçoit le Soleil du midy, & où le vent du nort n'entre point & qui a autant de froid au dehors, qu'elle a de chaleur au dedans, elle arreſte auſſi le vent d'Affrique, ainſi elle rompt d'un côté & d'autre des vents biens differents. Voila ſon agrément pendant l'hyver, lequel eſt encore plus grand pendant l'eſté; car avant midy elle tempere par ſon ombre le lieu des exercices, & aprés midy les promenoirs & la partie du jardin qui en eſt la plus proche; & cette ombre tantoſt plus & tantoſt moins grande, tombe en divers endroits ſelon que le jour croît ou diminuë. Pour la grotte lors que le Soleil eſt le plus ardent & qu'il donne à plomb sur son comble, c'est alors que sa lumiere y entre le moins, & que les fenêtres étant ouvertes elle reçoit & laisse passer les zephirs qui empêchent que l'air ny croupisse & ne la rende incommode & mal saine. Au devant du lieu des exercices & de la grotte est le cabinet du grand jardin: ce cabinet est mes amours & veritablement mes amours. Je l'ay bâti moy même. Il y a dans ce cabinet une cheminée solaire, * d'un côté il regarde le lieu des exercices, de l'autre la mer & de tous côtez le Soleil ; par ses portes il voit la chambre, & par sa fenestre il voit la grotte. Par l'endroit, où il void la mer, le mur qui le separe de la grotte, est orné d'une architecture tres-elegante, ce cabinet a des vitrages & des rideaux, avec lesquels, en les ouvrant ou en les fermant on y ajoute ou on en separe la chambre qui y est jointe ; il y a un lit & deux chaises dans ce cabinet, vers les pieds est la mer, au derriere sont des maisons de campagne & au devant des forests, ces veuës differentes ont chacune leurs fenestres qui les distinguent & qui les confondent. La chambre destinée au repos & au sommeil, est jointe

* Heliocaminus, C'estoit un endroit en rond & voûté, qui recevant & ramassant les rayons du Soleil, rendoit beaucoup de chaleur & tenoit lieu d'une cheminée.

à ce cabinet, on n'y entend ny le bruit des valets, ny le bruit de la mer, ny celuy des vents : Les éclairs ny entrent point, ny la lumiere même à moins qu'on n'ouvre les feneftres: ce qui rend ce reduit fi tranquille eft que fon mur eft feparé du mur du jardin par un paffage, & qu'ainfi le bruit fe perd & fe confume dans l'efpace vuide qui eft entre deux. Un petit fourneau eft attaché à cette chambre, d'où par une petite feneftre on prend de la chaleur felon le befoin que l'on en a. Enfuitte on trouve une antichambre & une chambre qui recevoient le Soleil levant, le Soleil du midy, & une partie du Soleil couchant ; ainfi quand je me retire dans ce cabinet, il me femble n'eftre plus même dans mon logis : J'y prens particulierement un grand plaifir au temps des Saturnales, lors que le refte de la maifon rétentit de la débauche & des cris de joye qui fe font pendant ces jours de Fefte ; car alors je ne trouble point les divertiffemens de mes Domeftiques ny eux ne troublent point mes Etudes: Voila qu'elle en eft l'utilité & quel en eft l'agrement. Il y manque de l'eau de fource ; mais il y a des pûis ou plûtôt des fontaines, car l'eau eft fort peu avant dans terre. La nature de ce rivage eft admirable, en quelque endroit que l'on y creufe on y trouve auffi-toft de l'eau & de l'eau tres-pure, qui ne se ressent en nulle sorte de la salûre de la mer, quoy que tres-proche. Les forests voisines fournissent du bois abondamment, la coline d'Ostie fournit les autres commoditez; le village seul pourroit suffire à un homme frugal, n'estant separé de ma maison que par une metairie. Il y a dans ce village des bains publics : C'est une grande commodité, lors que ne faisant que d'arriver chez soy, & que n'ayant pas dessein d'y demeurer long-temps, on ne veut pas se donner la peine de chauffer les bains de la maison. Le rivage est orné d'une grande quantité de maisons de campagne, qui de loin forment à la veuë l'image de plusieurs Villes, soit que vous voguiez sur la mer, soit que vous vous promeniez sur le rivage qu'un profond calme embellit quelquefois, mais qu'un vent contraire rend le plus souvent desagreable. La mer ny est pas asseurement abondante en poissons exquis, elle a neanmoins des solles & des squiles tres-excellentes. Nôtre Metairie nous donne aussi une partie des commoditez que la Terre fournit, & particulierement du lait ; car c'est là que s'assemblent les troupeaux au retour des pasturages lorsqu'ils cherchent ou de l'eau ou de l'ombre. Trouvez-vous que j'aye de bonnes raisons pour aimer, pour cultiver & pour ha-

378 Lettre de Pline le jeune, à Gallus.
biter une telle retraite que vous ne pouvez pas ne point defirer à moins que vous n'aimiez la Ville avec trop de paſſion. Je ſouhaitte fort qu'il vous prenne envie d'y venir, afin que ma maiſon joigne encore à tant & de ſi grands avantages qu'elle a déja celuy de vous avoir pour ſon Hoſte. Adieu.

LETTRE
DE Mr DE BALZAC,
A MONSIEUR
DE LA MOTTE AIGRON.

Où il décrit sa Maison de campagne.

IL fit hier un de ces beaux jours sans Soleil, que vous dites qui ressemblent à cette belle Aveugle, dont Philippe II. étoit amoureux. En verité je n'eus jamais tant de plaisir de m'entretenir moy-même; & quoy que je me promenasse en une campagne toute nuë & qui ne sçauroit servir à l'usage des hommes que pour être le champ d'une bataille, neanmoins l'ombre que le Ciel faisoit de tous côtez m'empeschoit de desirer celle des grottes & des forests. La paix étoit generale depuis la plus haute region de l'air jusques sur la face de la Terre; l'eau de la riviere paroissoit aussi plate que celle d'un Lac & si en pleine mer un tel calme surprenoit pour toûjours les Vaisseaux, ils ne pourroient jamais ny se sauver ny se perdre. Je vous dis cecy afin que vous regrettiez un jour si heureux que vous avez perdu à la Ville, & que vous descendiez quelquefois de vôtre Angoulême, où vous allez du pair avec nos tours & nos clochers, pour venir recevoir les plaisirs des anciens Rois, qui se desalteroient dans les fontaines, & se nourrissoient de ce qui tombe des arbres. Nous sommes icy en un petit rond tout couronné de montagnes, où il reste encore quelques grains de cet Or dont les premiers siecles ont été faits. Certainement quand le feu s'allume aux quatre coins de la France, & qu'à cent pas d'icy la Terre est toute couverte de trouppes, les armées ennemies d'un commun consentement pardonnent toûjours à nôtre Village, & le Printemps, qui commence les sieges & les autres entreprises de la guerre, & qui depuis douze ans a été moins attendu pour le changement des saisons, que pour celuy des affaires, ne nous fait rien voir de nouveau, que des violettes & des roses. Nôtre Peuple ne se conserve dans son innocence, ni par la crainte des loix, ni par l'étude de la sagesse; pour bien faire, il suit simplement la bonté de sa nature & tire plus d'avantage de l'ignorance du vice, que nous n'en avons de la connoissance de la vertu. De sorte qu'en ce Royaume de demy lieuë on ne sçait ce que c'est de tromper, que les oiseaux & les bêtes, & le stile du Palais est une langue aussi inconnuë que celle de l'Amerique, ou de quelqu'autre nouveau monde, qui s'est sauvé de l'avarice de Ferdinand, & de l'ambition d'Isabelle. Les choses qui nuisent à la santé des hommes ou qui offensent leurs yeux, en sont generalement bannies : Il ne s'y vît jamais de lezards ny de couleuvres, & de toutes les sortes de reptiles, nous ne connoissons que les melons & les fraises. Je ne veux pas vous faire le portrait d'une maison dont le dessein n'a pas esté conduit selon les regles de l'Architecture, & dont la matiere n'est pas si precieuse que le marbre & le porphyre. Je vous diray seulement qu'à la porte il y a un bois, où en plein midy il n'y entre de jour que ce qu'il en faut pour n'être pas nuit, & pour empescher que toutes les couleurs ne soient noires. Tellement que de l'obscurité & de la lumiere il se fait un troisiéme temps, qui peut estre supporté des yeux des malades, & cacher les défauts des femmes qui sont fardées. Les arbres y sont verts jusqu'à la racine, tant de leurs propres feuëilles que de celles du lierre qui les embrasse, & pour le fruit qui leur manque, leurs branches sont chargées de Tourtres & de Faisans en toutes les saisons de l'année: Delà j'entre dans une prairie, où je marche fur les tulippes & les anemones que j'ay fait mefler avec les autres fleurs, pour me confirmer en l'opinion que j'ay apportée de mes voyages, que les françoifes ne font pas fi belles que les Eftrangeres. Je defcens auffi quelque fois dans cette vallée qui eft la plus fecrette partie de mon defert, & qui jufques icy n'avoit été connüe de perfonne. C'eft un païs à fouhaitter & à peindre, que j'ay choifi pour vacquer à mes plus cheres occupations, & paffer les plus douces heures de ma vie. L'eau & les arbres ne le laiffent jamais manquer de frais & de vert : Les Cygnes qui couvroient autrefois toute la riviere, fe font retirez en ce lieu de feureté, & vivent dans un canal qui fait rêver les plus grands parleurs, auffi-tôt qu'ils en approchent, & au bord duquel je fuis toûjours heureux, foit que je fois joyeux, foit que je fois trifte. Pour peu que je m'y arrête il me femble que je retourne en ma premiere innocence : Mes defirs, mes craintes & mes efperances ceffent tout d'un coup tous les mouvemens de mon ame fe relâchent ; & je n'ay point de paffions, ou fi j'en ay, je les gouverne comme des bêtes apprivoifées. Le foleil envoye bien de la clarté jufqu'à nous ; mais il n'y fait jamais aller de chaleur, le lieu eft fi bas qu'il *à M. de la Motte Aigron.* 383

ne sçauroit recevoir que les dernieres pointes de ses rayons, qui sont d'autant plus beaux qu'ils ont moins de force, & que leur lumiere est toute pure. Mais comme c'est moy qui ay decouvert cette nouvelle Terre, aussi je la possede sans compagnon, & je n'en voudrois pas faire part à mon propre frere. Par tout ailleurs il n'y a pas un de nos valets qui ne soit le maître, chacun se saoule de ce qu'il aime, on passe le temps de tous côtez: & quand je voy en un endroit de l'herbe couchée par terre & des épics renversez en l'autre, je suis asseuré que ce n'est ni le vent ni la gresle qui ont fait cela, mais que c'est un Berger & une Bergere. Au demeurant, par quelque porte que je sorte du logis & de quelque part que je tourne les yeux en cette agreable solitude, je rencontre toûjours la Charente dans laquelle les animaux qui vont boire, voyent le Ciel aussi clairement que nous faisons, & jouïssent de l'avantage qu'ailleurs les hommes leurs veulent ôter. Mais cette belle eau aime tellement cette belle Terre, quelle se divise en mille branches & fait une infinité d'Isles & de détours afin de s'y amuser davantage; & quand elle se déborde ce n'est que pour rendre l'année plus riche, & pour nous faire prendre à la campagne ses truites & ses brochets, qui vallent bien les crocodiles du Nil & le faux or de toutes les rivieres des Poetes. L. G. C. D. T. est venu icy quelque fois changer de felicité & laisser cette vertu severe, cet éclat qui éblouïssoit tout le monde pour prendre des qualitez plus douces, une majesté plus tranquille. Ce Cardinal dont le Ciel veut faire tant de choses & de qui je vous parle tous les jours aprés avoir perdu un frere si parfait, que s'il l'eût choisi entre tous les hommes, il n'en eust pas pris un autre ; aprés avoir, dis-je, fait une perte qui merita les larmes de la Reine, vint icy chercher du soulagement & recevoir des propres mains de Dieu, qui aime le silence & qui habite la solitude, ce qui ne se trouve point dans les discours de la Philosophie, ny dans la foule du monde. Je vous apporterois d'autres exemples pour vous montrer que mon desert a esté de tout temps frequenté par des Hermites illustres, & que les traces des Princes & des grands Siegneurs sont encore fraisches dans mes allées ; mais afin de vous convier d'y venir, il me semble qu'il me suffit de vous dire que Virgile & moy vous y attendrons & que si vous vous accompagnez en ce voyage de vos Muses & de vos papiers nous n'aurons que faire pour nous entretenir des nouvelles de la Cour, ny

des

des troubles d'Allemagne. Je meure si je vis jamais rien de mieux que ce qui fort des meditations de vôtre esprit, & si la moindre partie de l'ouvrage que vous m'avez monstré, ne vaut toute la foire de Francfort, & tous les gros livres qui nous viennent du Septentrion d'où nous vient avec eux le grand froid & la gelée. Je sçay bien que Monsieur le President de Thou, qui étoit aussi digne Juge de l'Eloquence latine que de la vie & de la fortune des hommes & qui nous auroit laissé une histoire parfaite, s'il en eust voulu diminuer quelque chose, faisoit beaucoup de cas des gens de ce païs là : mais sans mentir, je n'ay pû encore deviner ce qui l'obligeoit d'aimer des esprits qui sont tout à fait contraires au sien, & qui ne connoissent pas seulement cette pureté Romaine, que vous recherchez avec des soins si scrupuleux, & une diligence si exacte. Vous leur ferez donc voir je m'assure & aux sçavans même de delà les monts (qui pensent que tous ceux qui ne sont pas Italiens sont Scythes,) de quelle façon on parloit au siecle d'Auguste, & en un temps encore éloigné de la corruption des bonnes choses. En conscience, outre la proprieté des mots & la chasteté du stile qui donne tant de lumiere à ce que vous écrivez, il faut avoüer que vos pensées sont si courageuses qu'il y a apparence que l'ancienne Republique en avoit de telles lors qu'elle étoit victorieuse du monde & que le Senat concevoit en de semblables termes, les commandemens qu'il faisoit aux Rois, & les réponses qu'il rendoit aux Nations de la Terre. Nous en dirons davantage quand vous serez arrivé où je vous attens, & que pour des fleurs des fruits & de l'ombre que je vous prepare, vous m'apporterez toutes les richesses de l'Art & de la Nature. A tant (pour user des termes de M. le Cardinal d'Ossat) je vous donne le bon soir, & vous declare que si vous cherchez des excuses pour ne venir pas, je ne suis plus,

Le 6. Septembre 1624.

Vôtre, &c.

EPISTRE DE CICERON A LUCCEIUS.

UNE certaine honte, qui tient quelque chose de la rusticité, m'a empesché jusqu'icy de vous dire à vous même, quoy que j'y aye tâché plusieurs fois, ce que je vais vous expliquer avec plus de hardiesse étant absent ; car une lettre ne rougit point.

Je brûle d'un desir extrême, & qui, comme je croi n'est point blâmable, de voir mon nom signalé dans vos écrits. Il est vray que vous me promettez souvent de n'y pas manquer ; mais je vous prie de me pardonner si je vous importune en vous témoignant quelque empressement pour cela. Car encore que l'opinion que j'ay conceuë de vos ouvrages, ait toûjours été fort grande, vous l'avez neanmoins surpassée, j'y ay pris un si grand plaisir, & j'en suis tellement épris que je voudrois voir incessamment mes actions recevoir l'avantage d'être écrites de vôtre main. Ce n'est pas seulement le desir de faire parler de moy, & de m'immortaliser dans les siecles à venir qui m'y porte, mais encore celuy de joüir, de mon vivant, de l'authorité de vôtre témoignage, de cette marque de vôtre bienveillance & de la beauté de vôtre ouvrage. Je n'ignorois pas, en vous écrivant cecy, que vous étiez surchargé de plusieurs affaires que vous avez entreprises & commencées : mais voyant que vous aviez presque achevé l'histoire de la guerre d'Italie & de la guerre civile ; & vous ayant oüy dire que vous en commenciez la suite, je n'ay pas voulu m'oublier, & je vous prie de voir lequel vous trouverez plus à propos, où d'y inserer nos actions, ou de faire un volume separé de la conjuration de Catilina, à l'imitation de plusieurs Grecs qui en ont ainsi usé, comme Calisthene, qui de la guerre de Troye à fait un corps separé de la suite de ses autres histoires, comme Timée qui a fait la même chose de la guerre de Pyrrhus, & Polybe de celle de Numance. Je ne voy pas que cela importe beaucoup pour mon honneur ; mais il importe pour contenter mon impatience, de ne pas attendre que vous soyez arrivé à cet endroit, & de vous faire écrire d'abord & sans delay toute cette affaire. J'y découvre encore un autre avantage, c'est que vôtre esprit s'étant renfermé dans les bornes d'un sujet & d'une seule personne, tout en sera plus abondant & plus fleury dans vôtre ouvrage.

Je n'ignore pas combien il y a d'imprudence à moy, de vous imposer d'abord une charge que vos occupations peuvent vous faire refuser, & de demander que vous me donniez des loüanges. Que sera-ce si vous trouvez que je ne merite pas d'être loüé autant que je le souhaitte? Mais quiconque est devenu une fois effronté, il ne faut pas qu'il le soit à demy. C'est pourquoy, sans faire de façon je vous prie de tout mon cœur de me donner des loüanges, & peut-estre plus que vous ne m'en croyez devoir, sans songer aux regles de l'histoire; & si vous sentez pour moy une forte inclination, telle que celle dont vous parlez fort agreablement dans un prologue, à laquelle vous dites que vous êtes aussi peu capable de vous laisser aller, que l'Hercule de Xenophon à la volupté, n'y resistez pas, & accordez même à nôtre amitié un peu plus que la verité ne le peut permettre. Que si nous pouvons vous faire entreprendre cette matiere, je m'assure qu'elle sera digne de vôtre éloquence. Il me semble qu'on pourra faire un petit corps d'histoire en commençant à la conjuration, jusqu'à nôtre retour de l'exil, où vous pourrez employer la connoissance que vous avez des changemens arrivez dans la Republique, soit en dévelopant les causes de ces nouveautez, soit en traitant des remedes les plus propres à ces sortes de maux; pour cet effet vous réprendrez ce que vous croirez blâmable & vous justifierez par de bonnes raisons ce que vous approuverez : & si vous voulez parler plus librement, comme c'est vôtre coûtume, vous remarquerez la perfidie, les surprises, & la trahison dont plusieurs ont usé envers nous.

Nos avantures vous fourniront aussi une grande varieté qui ne peut estre que tres-agreable : car il n'y a rien qui donne plus de plaisir à un Lecteur, que la diversité des temps, & les vicissitudes de la fortune, choses qui à la verité n'étoient pas agreables quand nous les avons souffertes; mais dont la lecture ne laissera pas d'être divertissante, car le souvenir d'une affliction passée donne de la joye quand on ne craint plus rien ; ceux mêmes qui n'ont point souffert, & qui considerent les malheurs d'autruy, sans en rien sentir, trouvent quelque douceur dans la compassion qu'ils en ont. Peut-on en lisant la genereuse mort d'Epaminondas à Mantinée, ne ressentir pas du plaisir en même temps qu'on est touché de commiseration, quand on voit qu'il ne se fit tirer le fer qui estoit demeuré dans sa playe, que lors qu'ayant démandé où estoit son bouclier, on luy eut répondu qu'il n'estoit point entre les mains des ennemis ; afin de pouvoir, malgré la douleur de sa blessure, mourir glorieux & content. De qui l'esprit n'est-il pas attentif en lisant l'exil & le retour de Themistocle ? En effet, la lecture des Annales toutes simples ne nous touche guere plus que celle d'un Calendrier, mais les douteuses & diverses avantures d'un grand homme causent toutes sortes de mouvemens, elles donnent de l'admiration, du desir, de la joye, du déplaisir, de l'esperance & de la crainte ; & si tout cela se termine par une issuë notable, l'esprit se saoule, pour ainsi dire, du plaisir qu'il trouve à cette lecture. C'est ce qui me fait davantage desirer de vous voir prendre la resolution de détacher du corps de vostre Histoire, cette espece de fable de nos avantures, car je puis l'appeller ainsi, puis qu'elle contient differens actes joüez à plusieurs reprises, & par plusieurs motifs. Je ne crains pas que vous me soupçonniez d'une flaterie interessée, quand je vous témoigne souhaiter d'estre plustost loüé de vous que des autres, car vous n'estes pas homme qui ignoriez ce que vous estes, & qui ne sçachiez bien que ceux qui ne vous admirent pas, sont, à plus juste titre, des envieux, que ceux qui vous loüent, ne font des flateurs. D'ailleurs je ne suis pas si fou que de pretendre tirer une gloire immortelle de celuy qui en me loüant ne s'en acquereroit pas une semblable par la beauté de son ouvrage.

Ainsi Alexandre n'avoit pas donné à Appele le privilege de le peindre, & à Lysippe celuy de faire ses statuës & ses medailles pour leur faire plaisir ; mais parce qu'il étoit dans cette pensée, que l'excellence de leur Art, en leur apportant de la gloire, luy en apporteroit encore davantage. Cependant ces ouvriers ne donnoient que la representation de son corps à ceux qui ne le connoissoient pas, & quand ils n'auroient point fait de ces images, les grands hommes qu'ils ont representez n'en seroient pas moins illustres ni moins celebres. Agesilas de Sparte n'est pas moins honoré, luy qui ne voulut jamais permettre qu'on fit son portrait, ou qu'on luy dressât des statuës, que ceux qui se sont mis en peine de ces sortes d'honneurs, car le seul petit livre de Xenophon qui a traitté de ses vertus, luy a plus donné de gloire, que tous les autres n'en ont reçû de toutes leurs images & de toutes leurs statuës. Si vous me faites donc cette faveur de me donner place dans vos écrits, j'en auray bien plus de satisfaction d'esprit, & j'en croiray ma memoire bien plus honorée, que si tous les autres Escrivains faisoient pour moy la mesme chose. Car outre l'avantage de la beauté du stile qui de vôtre part ne me manquera non plus qu'elle manqua à Timoleon de la part de Timée, ou a Themistocle de la part d'Herodote, je seray encore appuyé de l'authorité d'une personne tres-illustre & tres-considerable qui a fait approuver sa conduite dans les plus grandes & les plus importantes affaires de l'Etat : de sorte que je ne trouve pas seulement une loüange écrite en beaux termes, pareille à celle qu'Alexandre disoit avoir été donnée à Achille par Homere : mais j'ay encore le grave témoignage d'un homme tres-illustre : car j'aime l'Hector de Nevius qui ne dit pas seulement qu'il a de la joye d'être loüé, mais qui ajoûte encore, *d'estre loüé de la bouche d'un homme loüable.* Que si vous ne m'accordez pas cette grace; c'est à dire, si quelque occasion vous en empêche (car je ne croy pas que vous me puissiez rien refuser) je seray peut-être contraint de faire ce qu'on reprend souvent dans les autres, d'écrire de moy-méme, à l'exemple pourtant de plusieurs grands hommes qui l'ont fait. Mais comme vous sçavez, il y a des inconveniens ; on est obligé par necessité d'écrire de soy avec plus de retenuë qu'on ne feroit d'un autre, quand on rencontre une action digne de loüange; & si on trouve quelque chose à blâmer, il la faut passer. Outre ces incommoditez, il y en a d'autres; c'est qu'on est moins croyable, on a moins d'authorité, & on est enfin repris de plusieurs qui disent que l'on est plus effronté que les Trompettes des jeux publics, qui aprés avoir couronné les autres vainqueurs, & aprés les avoir nommez à haute voix, ayant eux-mêmes à recevoir la couronne qu'ils ont meritée prient avant la fin des jeux un autre Trompette de le faire, de peur d'être obligez de se publier eux-mêmes vainqueurs. C'est ce que nous avons envie d'éviter, & que nous éviterons si vous vous chargez de nôtre affaire, de quoy je vous prie bien fort. Et pour vous oster tout sujet de vous étonner de ce que je vous prie avec tant de chaleur, & que j'employe mêmes tant de paroles à la priere que je vous fais, comme si vous ne m'aviez pas promis bien des fois d'écrire exactement toutes les intrigues de l'histoire de nôtre temps, il faut que je vous avoüe que j'ay une extrême envie de vous voir venir à l'execution, comme je vous ay dit d'abord, soit que la promptitude de mon naturel en soit la cause, soit que nous desirions d'être connus de nôtre vivant par vos livres, & de goûter encore en vie la douceur de la gloire qu'ils nous apporteront. Je vous prie de m'écrire là-dessus ce que vous voulez faire, si cela ne vous incommode point. Car si vous entreprenez l'affaire, je vous fourniray des memoires de tout, si vous la remetrez à un autre temps, je vous parleray quand nous nous verrons. Cependant vous ne cesserez point de travailler, vous polirez ce que vous avez commencé, & vous nous aimerez. Adieu.

LETTRE
DE Mr. DE BALZAC
AU CARDINAL DE RICHELIEU.

Monseigneur,

Je suis aussi glorieux de la Lettre que vous m'avez fait l'honneur de m'écrire, que si l'on m'avoit erigé mille statuës, & que je fusse asseuré par une authorité infaillible, de l'excellence de mes Ouvrages. Certainement d'estre loüé d'un homme que nostre Siecle oppose à toute l'Antiquité, & sur la sagesse duquel Dieu pourroit se reposer du gouvernement de toute la Terre, c'est une faveur que je ne pouvois souhaitter sans presomption, & que je ne sçay encore si j'ay reçûë ou si j'ay songée. Mais s'il est vray que mes yeux ne me trompent point, & que ce soit vous qui me donniez vôtre voix qui a esté choisie de toute la France pour porter ses prieres au Roy, & du Roy mesme pour envoyer ses commandemens dans les Villes & dans les armées. Je vous l'avouë, Monseigneur, que vous m'avez déja payé de tous les services que je vous puis jamais rendre, & que je suis un ingrat si je me plains jamais de ma fortune. En effet, puisque les biens & les honneurs de ce monde sont d'ordinaire ou l'heritage des sots, ou même la recompense du vice, & qu'il n'y a que l'estime & la loüange qui soient reservées à la vertu, ne dois-je pas estre tres-satisfait de recevoir de vostre bonté le mesme prix que les Conquerans attendent de leurs victoires, & tout ce que vous pourriez vous-même esperer de vos grandes & immortelles actions, s'il y avoit un autre Cardinal de Richelieu pour en rendre témoignage. Mais, Monseigneur, c'est une chose qui manquera toûjours à vôtre gloire : car quand par vôtre seule presence vous aurez appaisé les esprits d'une Multitude irritée ; quand par vos puissantes raisons vous aurez porté tous les Princes Chrétiens à mettre en liberté le païs de Jesus-Christ, & à entreprendre la guerre sainte ; quand vous aurez gagné à l'Eglise des peuples entiers, tant par la force de vostre exemple, que par celle de vôtre doctrine, qui est-ce qui pourra vous donner la reputation que vous meritez ? Et où trouverez-vous pour les merveilles de vôtre vie un tel témoin que j'ay de mes veilles & de mes études ? Je ne sçaurois m'empescher de le redire, &

ma joye est trop juste pour estre secrette. Est-il possible que ce grand Esprit à qui Dieu n'a point donné de bornes, & qui a esté appellé dés le commencement de sa jeunesse pour persuader les Rois, pour instruire les Ambassadeurs & se faire écouter des vieillards qui avoient esté de quatre regnes ; est-il possible, dis-je, que celuy-là m'estime en l'estime duquel tous nos ennemis s'accordent, & il n'y a parmy les hommes ni de parti contraire, ni de diversité de creance. Si je pretendois de troubler le Royaume, je chercherois le consentement des mauvais esprits, & j'aurois besoin de la faveur de toutes sortes de gens, si je voulois acquerir du credit dans un Etat populaire. Mais il est vray, Monseigneur, que je n'ay jamais aimé ni la confusion, ni le desordre ; & mon dessein a esté de tout temps de plaire à peu de personnes. Puisque vous vous estes declaré en ma faveur, & que vous emportez aprés vous la plus saine partie de la Cour, je laisse volontiers errer tous les autres avec les Turcs & les Infideles qui font le plus grand nombre des hommes. Toutefois, Monseigneur, je ne puis m'imaginer qu'il y ait encore quelqu'un si amoureux de soy-même, ni si persuadé dans son opinion, qui ne se convertisse dans la Lettre que vous m'ayez fait l'honneur de m'écrire, & qui n'acquiesce à la fin à vôtre grand jugement. Et s'il est certain que la verité mesme ne seroit pas assez forte contre vous, il n'y a point de doute que le parti dont vous serez tous deux, doit estre suivi de tout le monde. Je me repose donc sur ce fondement ; & quelques ennemis que me fasse la reputation que vous m'avez donnée, sçachant ce que vous pouvez, & qui vous estes, je ne me mets plus en peine de mon interest, puis qu'il est devenu vôtre cause, c'est

MONSEIGNEUR,

Vôtre tres-humble, &c.

FAUTES A CORRIGER.

Page 13. ligne 16. du Lucien, lifez de Lucien. pag. 19. ligne 10. bigarement, lifez bigearement. p. 48. l. 3. Thuridide, l. Thucidide. p. 41. l. 2. le premier, l. le septiéme p. 66. l. 20. ou on en est, l. ou on est. p. 72. l. 14. de pied., l. de piez. p. 169. l. 8. s'il vous vous plaist, l. s'il vous plaist. p. 123. l. 11. ni, l. n'y. p. 227. l. 17. donnent, l. donne. p. 229. l. 4. quinder, l. guinder. p. 262. l. 10. & les Auditeurs, l. & la plus part des Auditeurs. p. 278. l. 12. le, l. l'a. p. 279. au bas de la pag. antiq. l. de Gigant, l. antiq. l. * de Gigant. p. 287. l. 4. Anartafci, l. Anacharfis. p. 292. l. 13. differentes, l. différente. p. 294. l. 19. qui &, l. & qui. p. 299. l. 21. naffranchi, l. n'a franchi.

FAUTES A CORRIGER.

Page 15. ligne 16. du Lucien, lisez de Lucien. pag. 19. ligne 10. bigarement, lisez bigearement. p. 48. l. 3. Thuridide, l. Thucidide. p. 41. l. 2. le premier, l. le septiéme p. 66. l. 20. ou on en est, l. ou on est. p. 72. l. 14. de pied, l. de piez. p. 169. l. 8. s'il vous vous plaist, l. s'il vous plaist. p. 123. l. 11. ni, l. n'y. p. 227. l. 17. donnent, l. donne. p. 229. l. 4. quinder, l. guinder. p. 262. l. 10. & les Auditeurs, l. & la plus part des Auditeurs. p. 278. l. 12. le, l. l'a. p. 279. aubas de la pag antiq. l. de Gigant, l. antiq. l. ✢ de Gigant. p. 287. l. 4. Anartafei, l. Anacharfis. p. 292. l. 13. differentes, l. differente. p. 294. l. 19. qui &, l. & qui. p. 299. l. 21. naffranchi, l. n'a franchi.

www.ingramcontent.com/pod-product-compliance
Lightning Source LLC
Chambersburg PA
CBHW052116230426
43671CB00009B/1017